dtv

1943/45, Berlin. Ursula und ihre Zwillingsschwester (die nie beim Namen genannt wird) leben und arbeiten in der Hauptstadt; die eine vermittelt als Stenotypistin bei der Zeitschrift ›Erika‹ die Korrespondenz zwischen Leserinnen und Soldaten, die andere ist Sekretärin bei einem Kunsthändler mit besten Beziehungen. Die jungen Frauen, beide Anfang 20, sind keine Parteigängerinnen, aber auch keine erbitterten Gegnerinnen der Nazis. »Sicher ist, dass wir uns keine großen Gedanken gemacht haben.« Sie sind nicht mutig, aber auch nicht feige, sie leisten keinen Widerstand, lassen sich aber auch nicht gänzlich vereinnahmen. Hannelore Krollpfeiffer beschreibt lakonisch und dadurch sehr eindrucksvoll den Alltag zwischen Luftschutzkeller und Arbeit – hin und wieder ein Konzert; eine hilflose Liebesgeschichte. »Es ist eben Krieg.« Der Text erschien erstmals 1947 bei Dietz Nachf. Berlin.

Hannelore Krollpfeiffer arbeitet seit 1946 als Journalistin und Buchautorin. 30 Jahre lang war sie stellvertretende Chefredakteurin der Frauenzeitschrift ›Brigitte‹. Sie hat Jugendbücher, Romane und Sachbücher veröffentlicht, zuletzt ›Endlich alt – und gar nicht weise‹ (dtv). Die Autorin hat ihren ständigen Wohnsitz in den USA.

Hannelore Krollpfeiffer

Wir lebten in Berlin

Eine Geschichte vom Ende des Krieges
Mit einem Vorwort von Michael Jürgs

Deutscher Taschenbuch Verlag

Von Hannelore Krollpfeiffer sind im
Deutschen Taschenbuch Verlag erschienen:
In meinem Alter (34196)
Endlich alt – und gar nicht weise (34383)

Originalausgabe
Juni 2007

Das Werk wurde vermittelt von Aenne Glienke/
Agentur für Autoren und Verlage
www.AenneGlienkeAgentur.de
Umschlagkonzept: Balk & Brumshagen
Umschlagfoto: Corbis/Hulton-Deutsch Collection
Gesetzt aus der Palatino 10,25/13,5'
Gesamtherstellung: C. H. Beck, Nördlingen
Gedruckt auf säurefreiem, chlorfrei gebleichtem Papier
Printed in Germany · ISBN 978-3-423-34415-9

Berlinalen

Die ersten Sätze, die ersten Seiten kommen daher wie zufällige Tagebuchnotizen aus vergangenen Zeiten, als es noch guter Mädchen Sitte war, sich im Poesiealbum zu verewigen. Scheinbar entdeckt auf dem Dachboden der verstaubten Erinnerungen. Das ist kein später journalistischer Trick der Autorin, das ist eins zu eins im frühen Erleben des unmittelbar damals Erlebten geschrieben. Und weil ihr Album des Alltags im Angesicht der Wirklichkeit damals so wenig Poetisches hatte, können ihre Eintragungen auch nicht anders sein. Sie sind authentisch.

Was ihren Reiz ausmacht.

Aus Notizen zwischen Herbst 1943 und Mai 1945 machte die damals zwanzigjährige Autorin nach Kriegsende einen nur leicht verfremdeten Tatsachenbericht, veröffentlicht 1947. Ihre erste Prosaarbeit Roman zu nennen, kam ihr damals wie heute nicht in den Sinn. Obwohl sie das, was sie sah und erlebte, wie in einem Roman fiktiv erhöhte. Mit einem einfachen Stilmittel gelang das, indem sie sich selbst in beiden weiblichen Hauptfiguren verkörperte und stets das, was ihr höchst eigen und zu privat war, der anderen in die Seele legte. Deshalb ist zwar nicht alles tatsächlich so gewesen, wie sie es in zwischenmenschlichen Beziehungen und Dialogen beschreibt, doch wirklich erfunden hat sie wahrlich nichts. In welcher Gestalt das gute Mädchen, dem der Himmel fremd war und voll dunkler Wolken, mal diese oder jene ihrer eigentlichen Gefühle verrät, bleibt offen und ihr Geheimnis.

Ist auch nicht so wichtig. Wie in den klassischen Hollywoodfilmen über große und nicht so große Lieben, über die für eine Ewigkeit und über die für eine Nacht beschrieben, öffnete sich eine Schlafzimmertür – dann wird abgeblendet und doch wissen alle, was folgte. Man musste es nicht zeigen.

Seite für Seite und Satz für Satz weicht der erste Eindruck eines idyllischen Poesiealbums, schon weil es keine Idylle gab, die zu beschreiben war. Die Suche nach den Nischen im Chaos blieb zwischen den Zeilen und dort zeitlos. Deshalb liest sich nach über sechzig Jahren die Erzählung, die kein Roman ist und keine Novelle, wie eine Berlinale der besonderen Art. Die in den Genen verankerte lakonische Art der geborenen Berlinerin half gegen allzu überbordendes Pathos und auch gegen allzu große Gefühle. Pathetisch waren schließlich die anderen, die braunen Herrscher, pathetisch in ihrem Vernichtungswillen und pathetisch in ihrer deutschen »... und morgen die ganze Welt«-Ideologie. Sich dem zu entziehen, dagegen half eine lakonische Beschreibung der so unbeschreiblichen Wirklichkeit.

Sie zieht Leser durch kunstlose, dadurch wirksame Sprache hinein ins Geschehen, auch wenn es den nachgeborenen Deutschen wie eine Sage aus einem vergangenen Jahrhundert vorkommt, in dem Krieg noch ein Mittel deutscher Politik war. Hinein in die Zeit, als

Berlin durch die Luftangriffe der Alliierten – als Folge der Verbrechen des Naziregimes – in Trümmer gebombt wurde. Hinein in die Zeit der Todesangst, in brennenden Ruinen zu verglühen, in die alltägliche Sorge, von noch immer fanatischen Nazi-Nachbarn an die allmächtige Gestapo verraten und abtransportiert zu werden. Wie fast alle der jüdischen Nachbarn, deren Verschwinden man hinnahm, nicht nur in Berlin.

Und dadurch mitschuldig wurde. Auch nicht nur in Berlin.

Die Geschichte zweier junger Frauen, in diesem Sinne keine frei von Schuld, aber auch keine schuldig, keine wie die andere, obwohl beide doch eins sind, ist eine berührend einfache Geschichte. Beide sind nicht mutig, auch nicht feige, nicht mehr ganz gläubig, was den täglich verkündeten Endsieg betrifft, arbeiten und leben trotzig unter Umständen, weil es eh keine anderen Umstände mehr gibt, sind aber auch noch nicht ganz ungläubig, was staatliche Propaganda und die Parolen der Wehrmachtsoffiziere betrifft, denen sie bei Muckefuck und nassen Schokoladeplätzchen, manchmal auch erbeutetem Kognak, nahe sind. Es ist eine alltägliche Geschichte aus Berlin. Was damals Alltag war in Berlin.

Und es ist auch die, behutsam und nur in feinen Tupfern angedeutet, Geschichte einer Liebe, die sich im Buch Ursula gönnt, sich vom Arzt, der sie behandeln soll, verführen lässt auf der Liege, auf der vor ihr schon manche lagen. Da beide Liebenden mehr schweigend als schwelgend darüber hinweggehen, erzählt die Autorin auch weniger, als sie erzählen könnte. War sie es selbst? Ist sie nur, gutes Mädchen, in die Figur geschlüpft, die erfundene und echte? Selbst das muss man eigentlich nicht wissen, um die Geschichte in der Geschichte zu verstehen, denn die Zeit, da man sich an die Namen derer erinnert, die einst für Momente die Zeit stehen ließen, anhielten als Moment einer Ewigkeit, ist die Zeit der Jugend. Danach gibt es diese Zeit nicht mehr. Wehmut jedoch ist eine Frage des Datums und nur an einem solchen bestimmten erlaubt.

Ist dies alles vielleicht doch ein Roman? Nein, es ist keiner, denn für ein Epos war die Zeit noch nicht reif, in der diese Erzählung spielt. War auch die Frau noch nicht reif, die sie notierte. Hannelore Krollpfeiffer hat der Versuchung widerstanden, aus ihren ersten Versuchen als Autorin später nachgereicht, nachgetragen, nachgesponnen einen veritablen Roman zu machen, aufgefüllt mit dem, was sie in ihrer langen journalistischen Karriere erlebte oder gar in ihrer Suche nach einem Sinn in einer scheinbar sinnfreien anderen Zeit. Hat alles so stehen gelassen, wie sie es damals gelassen sah aus dem Blickwinkel der jungen Frau, die überlebte, was sie erlebte.

Ihre kleine Geschichte vom großen Finale endet übrigens mit der einfachen Feststellung »Mir ist so kalt«. Im Angesicht der brennenden Stadt hat dieser Schlusssatz eine große Kraft. Einen Hauch von Hoffnung aber auch. Die Erkenntnis, dass in jedem Anfang ein Zauber liege, ist zu oft gebraucht, um für Erkenntnis noch brauchbar zu sein. Doch es lag wohl tatsächlich ein Zauber in der Luft, als die Bomber schwiegen und die ersten Vögel sangen, damals in Berlin.

Geschichte ist nicht nur Stoff für Historiker. Oft sind es Geschichten, die Geschichte verständlich machen.

Eine solche beginnt auf der nächsten Seite.

Michael Jürgs

Es ist 19 Uhr 18, als der Deutschlandsender aussetzt.

Mitten in die Berichte von der Ostfront hinein ertönt plötzlich das Störgeräusch: Jiu-jiu-jiu-jiu ... Was bedeutet, dass es in Kürze Fliegeralarm geben wird.

Ich bin vor einer Stunde aus dem Büro nach Hause gekommen und gerade beim Kartoffelschälen fürs Abendessen. Das Messer fällt mir aus der Hand, ich wische mir die Finger an der Küchenschürze ab, und die Finger zittern. Da ist sie wieder, die Angst. Die verfluchte Angst. Kann man nichts dagegen ... was jetzt zuerst ... Der alten Frau Denzke Bescheid sagen, sie hört nicht mehr gut, die Frau, hat schon zwei Alarme glatt verschlafen ... Jetzt zittern mir auch die Knie. Ich renne zwei Treppen hinunter und schlage fast die Tür von Frau Denzke ein.

»Frau Denzke! Fertigmachen! Gibt gleich Alarm!«

Endlich kommt sie angeschlurft und wird gleich genauso zittrig und aufgeregt wie ich.

Wieder nach oben, in den vierten Stock, jetzt das Übliche tun, ganz ruhig, ganz ruhig! Fenster öffnen, Verdunklungen hochziehen. Die Schnur ist verknotet und meine Hände zittern immer stärker. Ruhe, Ruhe, Ruhe! Vielleicht gibt es ja gar keinen Alarm. Stockfinster draußen. Kein Stern am Himmel. Auch keine Scheinwerfer. Eine Straßenbahn quietscht, es hört sich an wie eine Sirene. Ruhe, Ruhe, Ruhe! Ich stolpere im dunklen Zimmer über etwas, stoße mir das Schienbein, fluche. Nerven behalten! Das nächste Fenster öffnen. Verdunklung hoch. Es weht kalt herein. Es ist November.

In der Diele stehen gepackte Koffer. Wo ist die Tasche mit den Gasmasken und dem Verbandszeug? Natürlich hängt sie an der Flurgarderobe, wo sie hingehört. Aber es ist ja stockdunkel, ich darf kein Licht machen ohne verdunkelte Fenster.

Wahnsinn, diese Nervosität. Ich taste mich zur Küche hin, da brennt noch Licht. In der Küche steht auch das Radio, das immer noch Jiu-jiu-jiu sendet. Ich schalte es aus und stelle es unter den Küchentisch. Das verdunkelte Küchenfenster bleibt geschlossen, in einem Raum muss Licht sein, sonst dreh ich durch.

Und das Schlimmste: Ursula ist noch nicht da. Vor halb acht kommt sie nie. Wenn sie es nicht mehr schafft vor dem Alarm ... Aber sie schafft es ja immer. Rennt einfach weiter, auch während des Alarms. Die hat Nerven.

Ein leichter Schritt auf der Treppe. Leicht und nicht übertrieben schnell. Das ist Ursula. Ich reiße die Tür auf.

»Beeil dich, um Gottes willen. Der Deutschlandsender ...«

»Wenn schon!«, sagt Ursula.

Sie nimmt gemächlich die letzten Stufen, tritt in die Diele und macht Miene, sich den Mantel auszuziehen. Ich habe meinen gerade angezogen und ein Kopftuch umgebunden.

»Bleib bloß, wie du bist! Es gibt gleich Alarm!«, warne ich.

»Sei nicht so kribblig. Der Deutschlandsender ist nicht maßgebend. Außerdem will ich was essen, ich hab Hunger.«

»Hunger! Wie kannst du jetzt bloß Hunger haben? Ich fleh dich an, mach dich fertig!«

Sie schüttelt den Kopf und sieht mich mitleidig an.

»Du solltest raus aus Berlin. Mit deinem schwachen Nervenkostüm! Der Deutschlandsender hat schon hundertmal abgeschaltet und dann gab's trotzdem bei uns keinen Alarm. Hat Horst denn angerufen?«

»Ach wo. Der ist doch nicht zuverlässig!«

»Na ja«, sagt Ursula und behält ihren Mantel nun doch an, »aber eine Stulle werd ich mir trotzdem noch schmieren.«

Wir führen unser Gespräch in der hellen Küche, die dunkle Diele haben wir schnell verlassen, auch Ursula mag Dunkelheit nicht.

»Ist das unser letztes Brot?«

»Für diese Woche, ja.«

Für die Verpflegung und den Einkauf bin ich zuständig.

Ursula seufzt und säbelt sich eine dicke Scheibe ab.

»Mach doch das Radio wieder an. Vielleicht spielt der Deutschlandsender längst wieder.«

»Ach, lass es, ich hab's schon unter den Tisch gestellt.«

Eine Vorsichtsmaßnahme. Unterm Tisch ist das Radio sicherer als auf dem Tisch, falls eine Bombe in der Nähe runtergeht und der Luftdruck alles wegpustet. Daher auch die geöffneten Fenster. Vielleicht bleiben die Scheiben dann heil.

»Zu viel Mühe für den alten Rappelkasten«, bemerkt Ursula und beißt in ihr Brot. Butter oder Aufschnitt gibt's dazu nicht.

»Hast du mal 'ne Abendzeitung?«, fragt Ursula.

Habe ich, aber ich verstehe Ursula nicht. Essen und Zeitung lesen. Und der Deutschlandsender funkt seit zwanzig Minuten nur jiu–jiu–jiu ...

Ursula sitzt am Küchentisch, isst und liest. Ich stehe an der Tür, schon auf dem Sprung. Das Schlimmste ist, wenn die Sirene anfängt. Und das Warten darauf, dass sie anfängt. Vielleicht ist das noch schlimmer.

Ursula legt die Zeitung aus der Hand.

»So ein Quatsch«, sagt sie. Ich weiß nicht, was sie meint. Ich frage auch nicht. Gleichgültig. Jetzt ist nur der Deutschlandsender wichtig.

Dann springt Ursula auf.

»So, jetzt ruf ich Horst an, ob was gemeldet ist.«

»Du weißt doch, dass wir nicht anrufen sollen ...«

»Das ist mir jetzt wurscht. Ich will es wissen.«

Sie wählt die Nummer. Den Luftgau. 84 00 14, Apparat 227. Herrn Leutnant Brückenberg. Ja, bitte. Hallo ...

»Horst? Hier ist Ursula. Also, was ist los? Was gemeldet? Kleine Fische, große Fische? Hier stirbt wieder mal jemand vor Angst, weißt du. Ja, der Deutschlandsender hat ausge ... Was sagst du? Na, also!« Sie wirft mir einen triumphierenden Blick zu. »Längst wieder eingeschaltet! Alles o. k. – Verzeihung, alles in Ordnung. Ruf uns an, Horst, wenn's mulmig wird ... ja? Na dann, mach's gut, addio!«

Ursula legt den Hörer auf und sagt:

»Atme mal tief durch. Du bist käseweiß. Ich verstehe wirklich nicht ...«

»Du hast den August hier nicht miterlebt, sonst würdest du verstehen«, schnappe ich zurück. Ursula war im Urlaub und verreist, als die ersten schweren Luftangriffe auf Berlin begannen.

Sie lenkt ein.

»Ich mein's ja nicht so. Aber die Angst hilft dir doch nicht.«

Das Dümmste, was sie sagen konnte.

»Weiß ich alleine! Ich ruf sie ja auch nicht, die Angst. Sie kommt von ganz allein. So, und jetzt lass mich das Abendessen fertig machen.«

Wir sitzen im Wohnzimmer, eng an die Heizung gedrückt, die nur lauwarm ist. Es ist hundekalt im Zimmer.

»Weil du immer Stunden vorm Alarm die Fenster aufreißt«, murrt Ursula.

»Weil nicht ordentlich geheizt wird«, widerspreche ich.

Das Radio spielt. Berlin und der Deutschlandsender bringen die Montagssendung »Für jeden etwas«: »Die schönsten Arien und Gesänge, die farbigsten Orchesterklänge, ein Strauß von tausend bunten Noten, von ersten Künstlern dargeboten«, flötet die Stimme des Ansagers.

Ursula hat sich in eine Wolldecke gewickelt.

»Denk dran, dass du sie nachher wieder zum Luftschutzgepäck legst.«

»Aber ja. Kannst du auch noch an was anderes denken als an Fliegeralarm?«

Schweigen. Jetzt lese ich die Zeitung. Es ist der ›Angriff‹. Ich überfliege die erste Seite, lese die Schlagzeile des Leitartikels: »Juda hat verloren!«, und den Verfasser, Dr. Robert Ley. Begreife, warum Ursula vorhin »So ein Quatsch« gesagt hat, und lese trotzdem weiter. Ursula liegt faul in ihrem Sessel und döst.

»Ich habe immer noch Hunger«, sagt sie.

»Hm.«

»Wieso haben wir eigentlich nur noch so wenig Brot?«

»Ich hab Frau Denzke ausgeholfen; die kommt doch nie mit ihren Karten zurecht.«

»O. k.«, sagt Ursula und seufzt.

Schweigen.

Nach einer Weile meint Ursula:

»Wir sollten ein paar Bücher und Schallplatten in den Keller schaffen. Was hältst du davon?«

»Nanu – hast du etwa auch Angst bekommen?«

»Bloß eine Vorsichtsmaßnahme. Um die Bücher und Platten wär's schon schade. Und wir wohnen im vierten Stock«, sie sieht misstrauisch zur Decke, die seit dem August hässliche gelbe Wasserflecke hat.

»Wenigstens die wertvollsten Bücher«, spinnt Ursula ihren Gedanken weiter, »die ganzen Kunstbücher. Und die Musikgeschichte und die Biografien ... und ein paar gute Romane ...«

»Bromfield. Die Mitchell«, schlage ich vor.

»Faulkner.«

»Harsanyi.«

»Boudier-Bakker.«

»Lauter Ausländer, Ursula.«

»Kannst ja ›Mein Kampf‹ dazutun.«

»Den müssten wir erst kaufen, vielen Dank. Aber die Buddenbrooks und Kyber und Fontane ...«

»Und die Schallplatten«, erinnert Ursula. Sie will mal Musik studieren, nach dem Krieg. Sie hat einen hübschen Sopran.

»Bitte sehr«, sage ich und nenne gleich ein paar Namen, die von unseren Lieblingssängern: Sigrid Onegin, Helge Roswaenge, Margarete Klose, Erna Berger, Max Lorenz, Heinrich Schlusnus, Kirsten Flagstad ... »Und wo wollen wir das alles unterbringen? Wir haben keine Kisten.«

»Packen wir eben die Koffer mit der Kledage aus.«

»Und wenn unsere guten Stücke hier oben verbrennen?«

»Bücher und Musik sind wichtiger«, sagt Ursula, »und ich hab auch keine Lust, bei jedem Alarm diese schweren Koffer runter- und raufzuschleppen. Die Bücher und Platten können wir im Keller lassen. Das ist praktisch.«

Recht hat sie.

Die Bibliothek gehörte unseren Eltern und auch die ziemlich umfangreiche Plattensammlung. Wir sind damit groß geworden.

»Dann lass uns gleich mit dem Umpacken anfangen«, schlage ich vor.

Ziemlich viel, was wir uns für diesen Abend vornehmen. Da können wir nur hoffen, dass kein Alarm dazwischenkommt.

* * *

»Da ist noch Platz. Wollen wir die Fotoalben dazutun? Die sind auch unersetzlich.«

Habe ich Ursula mit meiner Bombenangst angesteckt? Das möchte ich wahrhaftig nicht. So sehr mir ihre Ruhe auf die Nerven geht, ganz verzichten möchte ich nicht darauf.

Ursula hockt im Schneidersitz vor unserem Bücherschrank und kramt in einer der Schubladen im unteren Teil. Der Bücherschrank ist ein behäbiges Stück aus den zwanziger Jahren wie alle unsere Möbel. Auch sie gehörten unseren Eltern.

Sie fischt aus den tiefsten Tiefen Stöße von Fotos heraus und ein paar dicke, gebundene Alben.

»Gib mal eins her.«

Aber sie blättert selbst, ganz versunken.

»Das waren noch Zeiten! Erinnerst du dich an den Abend? Das Atelierfest bei Rena und Rolf. Die Blitzlichtaufnahme! Gott, seh ich dämlich aus auf dem Bild!«

Wir sehen alle »dämlich« aus auf dem Foto. Angeheitert und allerbester Laune.

»Da ist ja auch Kurt mit drauf!«

Kurt ist im September im Osten gefallen.

»Armer Kerl! Weißt du noch, wie er versucht hat, Mandoline zu spielen? Wir haben uns kaputtgelacht, der war ja ein richtiger Clown!«

Weiterblättern, Seite um Seite.

»Ach, das Picknick am Schwielowsee. Ja, das ist das Foto, wo ich mit Freddie flirte.«

Freddie war ein englischer Student. Wir hatten mit ihm korrespondiert. Einmal besuchte er uns in Berlin. Wir verlebten acht lustige Tage mit ihm. Dann reiste er wieder nach Cornwall, seiner Heimat. Bis zum Krieg hatten wir uns immer noch geschrieben.

Ursula klappt das Album zu und sinnt.

»Verrückt, nicht? Was haben wir für Unsinn mit Fred gemacht und auf Deubel komm raus geflirtet ... und jetzt ist er unser Feind und vielleicht sitzt er als Pilot in einem Bombenflugzeug und schmeißt uns Phosphorkanister auf den Kopf. Verrückt«, wiederholt sie, »ich denke manchmal, hätten wir die Burschen da in ihren Viermotorigen kennengelernt, wir wären sicher ganz gut mit ihnen ausgekommen. Wir hätten zusammen getanzt und geflirtet und was weiß ich ... Und nun bombardieren wir uns gegenseitig.«

»Es ist eben Krieg«, sage ich.

Einer von unseren stereotypen Lieblingssätzen. Es ist eben Krieg. Lieblingssätze – bitte in Anführungsstrichen. Wir lieben den Satz nicht. Aber er bietet sich an. Wir verschleißen ihn geradezu.

Es ist eben Krieg. Das sagt man, wenn man Hunger hat.

Es ist eben Krieg. Das bekommt man zur Antwort, wenn man etwas kaufen will, was nicht zu haben ist.

Es ist eben Krieg. Das sagt man, wenn die Sirenen gehen. Nein, dann sagt man es nicht. Hinterher sagt man es, wenn man einen Alarm überstanden hat. Hinterher hat man wieder Mut. Immer hinterher hat man Mut, scheint es.

Ursula sinnt immer noch über Freddie nach.

»Was der wohl jetzt denkt – ob er manchmal an uns denkt? Es ist doch Wahnsinn, so ein Krieg ... ich möchte wissen, wie das überhaupt alles möglich ist ... eigentlich will es doch niemand ...«

Neue Fotos. Amateuraufnahmen. Postkarten. Das bayerische Häuschen im Wildpark. Das chinesische Teehaus in Sanssouci. Onkel Toms Hütte. Der Schlachtensee. Strandbad Wannsee. Bilder von jungen Mädchen im Badeanzug neben jungen Männern, die auf einem Segelboot herumhantieren. Bilder von jungen Mädchen in Skianzügen neben jungen Männern, die ihre Skier wie Siegestrophäen schwenken. Fotos aus vergangenen Zeiten.

»Es war einmal«, sagt Ursula. Sie stopft die Fotos in einen Koffer und schließt den Deckel.

»Hundemüde bin ich«, sagt sie.

Ich sehe auf die Uhr: »Warten wir bis zehn. Man weiß nie ...«

»Ach was«, sagt Ursula, »ich leg mich jetzt ins Bett, und bevor nicht die ersten Bomben fallen, stehe ich nicht auf.«

»Red nicht solchen Quatsch.«

»Auch noch abergläubisch!«

Sie steht auf, ächzend, krummgesessen, macht einen Katzenbuckel.

»Komm, wir stellen die Koffer in die Diele. Morgen gehen wir an die Schallplatten ran, die müssen wir gut verpacken. Dann kommt das alles in den Keller und bleibt da. Heute wird schon nichts passieren.«

»Das müssen wir auch noch alles wieder wegpacken«, sage ich mit einem Blick auf Kleider und Wäsche, die jetzt herumliegen.

»Alles morgen, alles morgen«, sagt Ursula. Sie geht noch mal in die Küche. »Und wieder geht ein schöner Tag zu Ende«, singt ein Knödeltenor im Radio. Ursula summt die Melodie mit.

»Mach im Bad möglichst kein Licht, die Verdunklung ist da nicht in Ordnung«, sage ich.

Ursula nimmt den Volksempfänger aus der Küche mit in unser gemeinsames Schlafzimmer. Dann geht sie ins Bad und natürlich macht sie Licht.

Es brennt kaum, da schreit eine hohe Frauenstimme von irgendwoher: »Licht aus! Verdunkeln! Unerhört!«

»Zimtzicke«, ruft Ursula zurück, aber sie knipst das Licht aus.

Endlich liegen wir in unseren Betten. Das Radio dudelt leise vor sich hin. Natürlich der Deutschlandsender. Er gibt stündlich Luftlagemeldungen durch.

Ursula liest noch.

»Was liest du eigentlich?«

»Bruno H. Bürgel. ›Saat und Ernte. Betrachtungen über Leben und Tod.‹ Die passende Lektüre jetzt.«

»Mach du nur deine Witze«, sage ich.

»Ohne die wär doch alles unerträglich«, sagt sie.

»Hast du den Wecker gestellt?«, fragt sie nach einer Weile.

»Natürlich.«

»Ich möcht mal wieder ausschlafen.«

»Wart bis Sonntag.«

»Ach ja«, sie seufzt, jetzt macht sie wieder ihren Katzenbuckel. »Sonntag wollte übrigens Horst kommen.«

»So, wollte er?«

»Ja, er hat sonntags dienstfrei. Lass uns was backen.«

»Backen? Wovon?«

»Ach, es wird schon irgendwie gehen. Du bist doch so erfinderisch ... Und bis Sonntag sind ja noch ein paar Tage. Wer weiß, was bis dahin passiert.«

»Ja, es wird Zucker, Mehl und Butter vom Himmel regnen.«

Ursula gähnt.

»Mach doch die Rappelkiste aus.« Sie hat ihr Buch beiseitegelegt. »Lass uns schlafen.«

»Auf deine Verantwortung«, sage ich.

Ein Rascheln und Schurren, Ursula hat sich in ihre Bettdecke eingegraben. Sie schläft fast augenblicklich ein und ich schalte das Radio wieder an. Nur keine Luftlagemeldung versäumen. Aber noch gibt es nur die übliche Schlummermusik.

* * *

Ich arbeite als Stenotypistin im Deutschen Verlag, der früher Ullstein hieß. Dort erscheint die ›Erika‹, eine Zeitschrift, die hauptsächlich für Soldaten und junge Mädchen erfunden wurde. Mit drei Kolleginnen sitze ich in der Korrespondenzabteilung und tippe Adressen in Schemabriefe. Es geht um den Briefwechsel, den ›Erika‹ zwischen Front und Heimat vermittelt. Zwei Korrespondentinnen stellen Briefpartner und -partnerin zusammen, und diese sogenannte »Koppelpost«, die wir natürlich nur »Kuppelpost« nennen, landet dann auf unseren Tischen. Wir haben weiter nichts zu tun, als Namen und Adressen in die Schemabriefe einzusetzen: Soldat Erich Kunz kriegt die Adresse von Karin Schulz, Karin Schulz die von Erich Kunz. Es ist eine geisttötende Tätigkeit, wir albern viel herum dabei, werden manchmal von einer Korrespondentin aus dem Nebenzimmer zur Ordnung gerufen (»Bitte, meine

Damen, es ist sehr laut bei Ihnen«), und es kommt vor, dass wir, unaufmerksam wie wir häufig sind, dem Soldaten seine eigene Anschrift weitergeben. Manchmal kommen dann wütende oder auch humorvolle Beschwerdebriefe. Im Schemabrief heißt es: »Bitte, seien Sie zu Ihrem neuen Briefpartner recht höflich und freundlich, und, wenn Sie wollen, auch liebevoll, darüber wird er sich bestimmt freuen.« Die humorigen Soldaten teilen uns dann mit, dass sie sich bestimmt bemühen würden, liebevoll zu sich zu sein, aber die Anschrift eines Mädchens hätten sie trotzdem gern.

Gelegentlich lesen wir die Briefe der Soldaten, und es kann vorkommen, dass einer dabei ist, der uns gefällt. Dann sortieren wir verbotenerweise den Brief des Mädchens, das ihm zugedacht ist, aus, und setzen statt ihrer unsere Adresse ein. Auf diese Weise hat sich jede von uns ein paar Briefpartner erschlichen, die Korrespondenz ist rege. Auch Fotos werden ausgetauscht und dabei gibt es dann oft herbe Enttäuschungen. Aber es ist ja nur ein Briefwechsel! Bisher ist noch keiner von ihnen auf Urlaub nach Berlin gekommen, und eigentlich sind wir darüber ganz froh, sicher würde es auch dann wieder Enttäuschungen geben.

Eigentlich will ich mal Schriftleiterin werden, aber damit muss ich wohl warten, bis der Krieg zu Ende ist. Immerhin bin ich wenigstens schon in einem Verlag, denke ich manchmal, um mich zu trösten.

Ursula hat eine weitaus anspruchsvollere Arbeit.

Sie ist Sekretärin eines Kunsthändlers im Alten Westen von Berlin. Es ist keine gewöhnliche Kunsthandlung, in der Ursula arbeitet, oh nein. Schon äußerlich nicht. Eine weiße Villa, Baujahr 1870. Sehr weiß, sehr vornehm. Der Kunsthändler heißt Herr Sauermilch. Seine Frau heißt Helene. Es ist eine große, üppige, dunkelhaarige Frau. Sehr elegant, sehr liebenswürdig. Sie spricht fließend Englisch, Französisch und Italienisch. Die Berlinerin kann sie aber nicht verleugnen. Sie sagt »ebent« mit einem stark betonten »t« am Ende. Aber sie ist eine richtige Dame und hat ein scharfes Auge auf das Büropersonal, bestehend aus Ursula und einer Buchhalterin. Herr Sauermilch ist klein, rundlich und Diabetiker. Er hat immer leicht gesträubte weiße Haare und einen weißen Schnauzbart, trägt eine Goldrandbrille und neigt zu Wutanfällen. Dann ist er sehr komisch, sagt Ursula. Er trinkt gern Wein, am liebsten französische Rotweine. Herr Sauermilch versteht etwas von Wein und Kunst.

In einem der Bücherschränke seines Arbeitszimmers im Hochparterre des weißen Hauses stehen mehr als zehn schweinslederne Foliobände, in die seine Sekretärinnen fein säuberlich große Fotos von all den Bildern eingeklebt haben, die im Laufe der Jahre durch seine Hände gegangen sind. Ursula sagt, die Bände seien faszinierend. Da gibt es einen Band Holländer und Flamen des 15. und 16. Jahrhunderts – dazu einen Sonderband Guardi und Canaletto. Einen Band mit altdeutschen Malern. Einen mit französischen und deutschen Impressionisten. Einen Sonderband Leibl und Sonderbände Schuch und Trübner. Es fehlt nichts in Herrn Sauermilchs Bücherschrank.

Da sind die Künstlerlexika von Thieme-Becker und da ist der berühmte Smith Catalogue raisonné. Da sind die Knackfuß-Monographien und die dicken rotgoldenen Bände der Deutschen Verlagsanstalt Stuttgart. Die bedeutenden Kataloge fehlen natürlich nicht – Sammlung Goudstikker in Amsterdam, Munro in London, die Silbersammlung des Bankiers Gutmann in Heemstede in Holland, die Herrn Sauermilch später noch viel beschäftigen wird. Da sind die Sammlungen Steengracht und Rothschild, Cramer und Six, Crespi und Simon. Und die Museumskataloge vom Louvre und Kaiser-Friedrich-Museum, vom Prado und der Nationalgalerie, von der Hamburger Kunsthalle und der Pinakothek.

Eine Fundgrube sind die Bücherschränke von Herrn Sauermilch und eine Fundgrube ist der Tresor, der gewaltige, begehbare Tresor neben dem »Roten Zimmer«. Das »Rote Zimmer« ist ganz in rotem Samt und roter Seide gehalten, mit roten Teppichen und roten Portieren an den Fenstern und einer weißgoldenen Decke und einem Marmorkamin mit der Führerbüste von Arno Breker. Im Tresor stehen einige der Schätze, ein paar Bilder, die Herr Sauermilch immer zur Hand haben will. Nicht die kostbarsten! Die ruhen seit langem wohlverpackt in den unterirdischen Gewölben der Großbanken in Berlin und München, in den Bunkern der Reichskanzlei und in Österreich.

Die Schätze des Herrn Sauermilch kommen aus aller Welt zusammen. Herr Sauermilch ist ein eifriger Kunsthändler. Er fährt alle zwei Monate nach Paris. Versehen mit vielen, vielen Genehmigungen und Einreisepapieren und Empfehlungen. In Paris wohnt er im Ritz und geht aus und ein im Hotel Majestic, dem Sitz der deutschen Militärverwaltung. Und auch in der Rue de Lille, wo die Deutsche Botschaft residiert.

In der Rue La Boëtie befindet sich die Kunsthandlung von Herrn Herz. Und in der Rue de l'Echelle hat sich der Kunsthändler Loewe niedergelassen. Herr Herz und Herr Loewe stammen aus dem ehemaligen Österreich-Ungarn und sind auch sehr tüchtige Geschäftsleute. Trotz aller Tüchtigkeit aber müssten sie eigentlich einen gelben Stern tragen, laut den Bestimmungen aus Berlin. Doch Herr Sauermilch arbeitet mit ihnen und das erspart ihnen nicht nur den gelben Stern. Herr Sauermilch ist für die höchsten Stellen des Reiches tätig, vornehmlich für die wirklich allerhöchste Stelle, und da kann er nicht mit Leuten zusammenarbeiten, die gelbe Sterne tragen. Das sehen die höchsten und allerhöchsten Stellen auch ein. Und weil sie das tun und weil sie nicht auf die Kostbarkeiten verzichten wollen, die Herr Sauermilch mit Hilfe der Herren Herz und Loewe nach Berlin schafft, darum brauchen die beiden Herren keinen gelben Stern zu tragen. Und immer, wenn Herr Sauermilch nach Paris kommt, wird er in der Rue La Boëtie und der Rue de l'Echelle sehr herzlich empfangen.

Weil Herr Sauermilch für die allerhöchste Stelle des Reiches arbeitet, wird sein Betrieb nicht kriegsgemäß geschlossen. Und darum sind auch seine beiden Büroangestellten – die Buchhalterin und Ursula, die Sekretärin, Bibliothekarin und Empfangsdame zugleich ist, reklamiert. Ursula ist auf diese Weise dem Schicksal entronnen, als Nachrichtenhelferin in den Osten dienstverpflichtet zu werden.

Ursula hat es nicht schlecht bei Herrn Sauermilch.

Als sie bei ihm anfing, hatte er gerade die achte Sekretärin innerhalb von zwei Monaten hinausgeärgert. Aber Ursula ließ sich nicht kleinkriegen. Wenn er schimpfte, lachte sie. Nun schimpft er viel seltener.

Nicht, dass Ursula sonst irgendwelche großen Vorteile von ihrem Posten bei Sauermilch hätte. Immerhin, er hat ihr schon mal einen Kleiderstoff aus Paris mitgebracht. Aber er tut immer so, als sei das furchtbar schwierig durch die Einfuhrbestimmungen und wegen der Devisen. Herr Sauermilch ist äußerst korrekt; das kann auch die Buchhalterin bestätigen. Mit seinen Bildern und mit seinem Personal – korrekt ist er.

Und komisch. Ursula berichtet die merkwürdigsten Dinge von ihm. Papierknistern betrachtet er als unerträglichen Lärm. Bellende Hunde – es gibt einen kleinen Terrier im Haus, Frau Helenes Liebling – machen ihn rasend. Leute, die ihn am Telefon nicht gleich verstehen – er nuschelt mit einem starken schwäbischen Akzent –, schnauzt er an. Wenn die Köchin mit ihrem Freund telefoniert, schaltet er sich heimlich ein und hört mit, dabei schnauft er hörbar. Mithorchen tut er auch, wenn Ursula ein Privatgespräch führt. Ursula sagt dann: »Es hört wieder jemand mit!«, und legt auf. Das ärgert ihn sehr, aber natürlich sagt er nichts.

Ursula ist davon überzeugt, dass er irgendwo im Kontor, das im Souterrain neben den Küchenräumen liegt, eine Abhöranlage eingebaut hat, damit ihm nichts entgeht, was da gesprochen wird. Denn er ist neugierig wie eine Elster, sagt Ursula.

Es gibt auch noch eine Schwiegermutter im Hause Sauermilch, sie heißt Frau Liebeditz und ist genauso freundlich wie Helene, ihre Tochter. Sogar noch freundlicher. Sie kommt manchmal still hinuntergewandelt ins Kontor, sieht Ursula innig an und sagt: »Gottes Segen, liebes Kind, alles Gute! Der liebe Gott sei mit Ihnen!« Dann wandelt sie wieder nach oben, wo sie ihrer Tochter mitteilt: »Lenchen, die Weiber im Büro tun wieder nichts als schwätzen und die Fingernägel polieren!«

Und eine Köchin ist da, Emma mit Namen. Emma hat einen Freund (sie sagt Bräutigam), der Uhrmacher und bei Mix & Genest, der Telegrafenbau-Anstalt, dienstverpflichtet ist. Und die Emma hat mal bei einem jüdischen Arzt gearbeitet, Doktor Rosenfeld. Er wäre sehr nett gewesen, sagt die Emma, das müsse sie zugeben, alles, was recht ist. Ein richtig feiner Herr, so gut wie bei dem hätte sie es nirgendwo gehabt. Die Emma hat auch mal einem Friseur den Haushalt geführt, der hieß Garduschke. Der wohnte sehr vornehm, beinahe so vornehm wie Herr Sauermilch. Und eigentlich war er viel feiner, sagt die Emma. Herr Sauermilch wäre nämlich gar nicht so fein, wie er immer täte, und die Frau Sauermilch auch nicht. Mit der Frau Liebeditz aber hat die Emma mal Krach gekriegt, und zuletzt hat die Emma wortwörtlich gesagt: »Gnädige Frau müssen nicht immer so lügen!«

Erzählt Ursula.

Das ist das Haus Sauermilch, in dem Ursula arbeitet. Ursula, die eigentlich ganz andere Pläne hat. Aber sie ist nun mal hier gelandet und hat es nicht schlecht getroffen, vor Dienstverpflichtungen ist sie jedenfalls sicher. Musik studieren wird sie später.

Es ist eben Krieg.

Wir sprechen manchmal davon, was dann sein wird, »nach dem Krieg«. Dabei glauben wir eigentlich überhaupt nicht an ein »nach dem Krieg«. Wir sagen jeden Tag: »Mal wird der Krieg ja zu Ende sein.« Aber wir können uns nicht vorstellen, wie er zu Ende geht und wann das sein soll und was danach kommt. Normale Zustände? Wie sollen die aussehen?

Ein kluger Mann hat zu mir gesagt: »Du musst zu der Überzeugung kommen, dass dies hier jetzt normale Zustände sind. Die Bomben und der Hunger und die Dunkelheit und das alles. Und das Helle und Heitere und das Rumpsteak mit Specksoße und Kaiserschmarrn, das ist Schlaraffenland und ganz, ganz unnormal.«

* * *

Ursula ruft mich mittags im Büro an.

»Frau Sauermilch hat mir eben zwei Karten für heut Abend geschenkt, Philharmonie, Faust-Sinfonie, Furtwängler und der Kittelsche Chor. Fein, was? Fängt um sechs an. Kannst du das schaffen?«

Um sechs. Dann sind wir gerade in der kritischen Zeit unterwegs.

Ursula ahnt meine Bedenken.

»Ich lass es mir jedenfalls nicht entgehen. Wenn du nicht willst ...«

»Doch, doch, ich geh natürlich mit!«

»Dann um drei viertel sechs vor der Philharmonie.«

* * *

Ich glaube sicher, dass die meisten Menschen, die heute Abend in die Philharmonie gehen, von ähnlichen Sorgen geplagt sind wie ich: Gibt es Alarm, während wir im Konzert sind? Mitten in der Stadt, in der Nähe von zwei großen Bahnhöfen? Luftlinie sind das doch bloß Sekunden ... Gibt es Alarm, während wir in der Straßenbahn sitzen? Müssen wir in irgendeinem fremden Luftschutzkeller unterschlüpfen?

Aber sie sind trotzdem gekommen. Scharenweise. Ausverkauft heißt es an der Abendkasse, wo immer noch eine Schlange wartet.

Ursula ist schon da, als ich komme.

»Glänzende Plätze! Das ist Glück, was? Sauermilchs haben heute Abend plötzlich Besuch bekommen, irgendwelche Leute aus dem Führerhauptquartier.«

* * *

Die Faust-Sinfonie von Franz Liszt. Chor und Tenorsolo. Diese Musik! Wir lassen uns berauschen. Und manchmal – nicht immer – vergesse ich sogar meine Angst und den Krieg. Doch zwischen Gretchen- und Mephisto-Motiv denke ich plötzlich: Gibt es Alarm? Kriegt man hier Vorwarnung? Was haben sie für Luftschutzkeller?

Dann der Schlusschor:

»Alles Vergängliche ist nur ein Gleichnis ...«

Und das Tenorsolo: »Das Ewig-Weibliche zieht uns hinan«. Ich bin zu Tränen gerührt, ein Blick auf Ursula zeigt mir, dass es ihr genauso geht. Alarm und Krieg und Bomben und Hunger und Dunkelheit sind vergessen. Wenigstens für kurze Zeit.

Rabenfinsternis, als wir wieder auf der Straße stehen, noch ganz betäubt von der Musik. Dann hat uns die Gegenwart rasch wieder – jedenfalls mich. Scheinwerfer am Himmel. Auf der Straße nur Philharmoniebesucher, sonst kein Mensch.

»Gutes Fliegerwetter«, sage ich.

Ursula zischt: »Fang nicht schon wieder an! Und lass uns rennen, ich glaube, da hinten kommt unsere Straßenbahn.«

Wir rennen. Wir stolpern in der Finsternis und rennen.

»Hast du keine Taschenlampe?«, fragt Ursula.

»Ja, aber nicht abgeblendet.«

»Wenn schon, mach sie an!«

»Aber ...«

»Sollen wir uns die Beine brechen?«

Die Lampe flammt auf. Ein paar Schritte. Jemand schimpft uns entgegen:

»Wollen Sie wohl die Lampe abblenden! Frechheit! Müsste man anzeigen, so was!«

»Tun Sie's doch!«, fordert Ursula streitlustig auf.

»Sei doch still«, warne ich.

»Unverschämtheit!«, tönt es hinter uns her.

Die Bahn kommt. Sie hält quietschend. Es wird ziemlich voll im Wagen. Alles Leute mit dem Programm der Philharmoniker in der Hand. Andere Menschen sind heute Abend anscheinend wirklich nicht mehr unterwegs in der Stadt.

Es ist die kritische Zeit, halb neun.

Die Bahn fährt kreischend, schuckelnd, quietschend. Ob man überhaupt hört, wenn die Sirenen ... Wir brauchen gut zwanzig Minuten bis zu unserer Wohnung. In der Zeit ...

Ursula summt das Faust-Motiv vor sich hin.

Wittenbergplatz. Aufatmen. Jetzt ist es nicht mehr weit, die Bahn wird an dieser Haltestelle fast leer.

Die Schaffnerin ist klein und verfroren und tut mir leid. Sie reibt sich die roten Hände und ruft mit heiserer Stimme die Haltestellen aus. Der Mantel, den sie trägt, ist ihr viel zu weit und zu groß.

Endlich steigen wir aus. Gott sei Dank, wir steigen aus! Wenn jetzt wirklich Alarm käme ...

Eine Weile gehen wir schweigend nebeneinander her. Dann sagt Ursula:

»Es war ganz wunderbar, nicht? Aber irgendwo hab ich gelesen ... wie war das noch ... es sei ein Verbrechen, von Schönheit zu reden, solange Menschen hungern und frieren und sich gegenseitig totschlagen.«

»Das Konzert war trotzdem schön«, sage ich. Aber ich verstehe, was sie meint.

* * *

Sonntag kommt Horst.

Wir kennen Horst schon lange. Im Frieden haben wir zusammen Tennis gespielt und gesegelt, sind ins Kino und ins Theater und auch mal in ein Konzert gegangen. Horst ist sechsundzwanzig und Leutnant.

Wir haben wirklich gebacken, irgendetwas Komisches, was früher keiner von uns angerührt haben würde. Jetzt aber ist die Schale mit den Plätzchen leer, kaum, dass sie auf dem Tisch steht.

»Wann ist der Krieg aus, Horst«, fragt Ursula. Sie fragt ihn das immer, aber sie hebt die Stimme nicht am Schluss, sie stellt eigentlich gar keine Frage, sie erwartet wohl keine Antwort darauf.

Horst antwortet wie immer:

»Wenn ich das wüsste, wäre ich der klügste Mann der Welt.«

Ursula erzählt von einer Hellseherin, die schon immer so phantastische Prophezeiungen gemacht hätte und die jetzt geweissagt habe, der Krieg werde sieben Jahre dauern und dann werde alles eine überraschende Wende nehmen. Wie die aussehen sollte, habe sie leider nicht gesagt. Und Ursula berichtet von dem ebenfalls berühmten Schweden Sven Green, der auch etwas Sensationelles prophezeit habe ...

Horst lacht und sagt:

»Sven Green! Weißt du, woher diese Parole stammt? Aus der Prinz-Albrecht-Straße!«

»Von der Gestapo? Glaub ich nicht! Wo die doch immer gegen so was sind!«

»Nicht, wenn es nützlich sein könnte!«

»Glaub ich trotzdem nicht«, sagt Ursula.

Natürlich sprechen wir über den Krieg und die Luftangriffe und das alles. Worüber soll man sonst reden? Man kann sich nicht vorstellen, dass es überhaupt jemals andere Themen gegeben hat.

Ursula will wissen, wann die neue Waffe kommt.

»Die kommt«, sagt Horst.

»Weißt du nichts Genaueres?«

»Na, hör mal! Selbst wenn ich was wüsste, würde ich darüber schön den Mund halten.«

»Es wäre aber so beruhigend, es zu wissen!«, sage ich.

»Also dann seid beruhigt, sie kommt.«

»Ist es was mit magnetischen Ausstrahlungen, durch die die Flugzeuge runtergeholt werden?«, fragt Ursula.

Horst zuckt die Achseln. Es ist nichts aus ihm herauszubekommen.

»Aber er weiß bestimmt etwas«, sagt Ursula dann immer hinterher. Natürlich weiß er etwas. Alle wissen sie etwas, die bei der Luftwaffe sind. Und nur wir wissen nichts. Aber bestimmt kommt bald irgendetwas, davon sind wir überzeugt, Ursula und ich. Und auch davon sind wir überzeugt, dass wir den Krieg eines Tages gewinnen. Wir mögen die Leute nicht besonders, die daran zweifeln. Wie können sie nur so pessimistisch sein?

Einmal wurde ich für vierzehn Tage aus der ›Erika‹ in das Zeitschriftensekretariat versetzt, das alle Objekte des Hauses versorgte. Es wurde von einem strengen älteren Fräulein geleitet. Der Redakteur, für den ich hauptsächlich schrieb – ich glaube, er arbeitete für die ›Koralle‹ –, war von meiner Arbeit offenbar sehr angetan, er fragte mich, ob ich Lust hätte, mal übers Wochenende für ihn zu schreiben, privat. Ja, warum nicht. Er wohnte etwas außerhalb von Berlin und bot mir an, bei ihm zu übernachten. Das nahm ich gern an. Er diktierte mir eine lange Geschichte – er schrieb an einem Buch, sagte er – gleich in die Maschine, und als wir fertig waren, aßen wir zusammen zu Abend und unterhielten uns. Ich war ganz entsetzt, wie pessimistisch dieser angenehme ältere Herr war. Nein, er glaube nicht an unseren Endsieg. Für meinen erschrockenen Protest hatte er nur ein überlegenes Lächeln. Ich fand ihn zwar nett, aber über seine politische Einstellung konnte ich nur den Kopf schütteln.

Später fragte mich Ursula, ob dieser Herr Strindberg – er trug wirklich diesen berühmten Namen – keine Annäherungsversuche gemacht habe: ein offenbar allein lebender Junggeselle! Nein, das hatte er nicht. »Aber wir haben über den Krieg gesprochen und da ist er ganz furchtbar pessimistisch. Wir würden ganz bestimmt verlieren.« Ursula und ich waren uns beide einig, dass mit manchen an sich netten Menschen über Politik einfach nicht zu reden sei. Horst ist da natürlich anders. Er macht uns immer Mut, und das mögen wir so an ihm. Das brauchen wir.

Nach dem Kaffeetrinken – es gibt nur Muckefuck – werden die letzten Zigaretten geraucht und dann wird musiziert. Horst und Ursula spielen gut Klavier. Es ist Sonntagnachmittag und noch einigermaßen hell draußen, am Tage sind »sie« bisher nicht gekommen. Darum braucht man auch am Tage nicht den Deutschlandsender einzuschalten. Man kann getrost ein bisschen Klavier spielen und singen und so tun, als sei tiefster Frieden. Wenn es nur nicht so kalt in der Wohnung wäre.

Ursula stellt die Noten auf und bemerkt dabei, dass die Noten eigentlich auch in den Keller müssten, wie die Schallplatten und Bücher.

Ich sage: »Weißt du, wenn wir nun *alles* nach unten schleppen, was das Leben noch etwas angenehm macht ...«

»Hast auch recht«, Ursula seufzt, »wie es kommen soll, so kommt es sowieso.«

Horst spielt Schumann und Chopin, und dann spielt er Schubertlieder und Ursula singt.

»Ein Jammer um deine Stimme, Mädchen«, sagt Horst, »du musst sie ausbilden lassen.«

»Kostet zu viel Zeit und Geld. Nach dem Krieg«, sagt Ursula.

»Meinst du, dass du dann mehr Zeit und Geld hast?«

»Ach, dann ist doch alles anders«, behauptet Ursula.

Da ist sie wieder, unsere sagenhafte Zeit »nach dem Krieg«. Horst sagt: »Na, wir werden ja sehen.«

Ursula bricht etwas später plötzlich mitten in einem Lied ab.

»Sag mal ehrlich – glaubst du, dass wir den Krieg gewinnen?«

»Selbstverständlich«, sagt Horst.

»Und was ist mit Russland?«

»Das wird schon alles wieder eingerenkt.«

»Hoffen wir's«, sagt Ursula.

* * *

Es ist der 22. November 1943.

Ein Montag.

Ursula ist heute früher als sonst aus dem Büro gekommen. Herr Sauermilch ist in Paris, dann wird schon um fünf geschlossen.

Wir sitzen wie immer an der Zentralheizung, die nur lauwarm ist. Der Deutschlandsender bringt Frontberichte, wir lesen.

Um halb acht heulen die Sirenen.

Der Deutschlandsender spielt unentwegt weiter.

Alles kommt so plötzlich, dass selbst Ursula zusammenfährt. Nichts ist gepackt. Wir fangen hektisch an zu suchen. Der Deutschlandsender spielt immer noch, während wir unsere Sachen in ziemlich kopfloser Hast zusammenkramen.

Ursula meint: »Vielleicht ist es ein Alarm aus Versehen. Ich ruf Horst an.«

»Lass das jetzt, komm lieber.«

»Sei nicht so hibbelig«, sagt Ursula, »heute wird's sicher nicht schlimm. Wenn der Deutschlandsender noch spielt ...«

»Tu mir die Liebe, beeil dich. Ich hab so ein Gefühl ...«

»Du mit deinen Gefühlen«, schimpft Ursula und beeilt sich dann doch. Wir sagen noch schnell der alten Frau Denzke Bescheid. Meine Knie zittern wieder so, dass ich es kaum die vier Treppen hinunter schaffe. Das schwere Gepäck spüre ich fast gar nicht.

Auf dem Hof begegnen wir dem Ehepaar Schucht mit Kinderwagen und brüllendem Baby, und irgendjemand schreit: »Licht aus!« Vor dem Haus startet eben ein Privatwagen zur Fahrt nach dem Zoobunker. Das ist der Diplomat, der bei Frau Sommer wohnt. Frau Sommer (sie handelt mit italienischen Schuhen) fährt natürlich mit.

Es ist stockfinster, verhangener Himmel, das richtige Fliegerwetter. Ursula und ich sind zu bepackt, um eine Taschenlampe anknipsen zu können, wir hasten durch die Dunkelheit weiter. Es sind nur wenige Schritte, dann haben wir es geschafft. Eine kleine Treppe hinunter, wieder ein paar Stufen abwärts – wir sind da.

Es ist nicht unser eigener Luftschutzkeller. Der steht seit den August-Angriffen leer. Jetzt rennt bei Alarm alles entweder in den Keller des SS-Hauptführungsamts, unserem Haus gegenüber, oder in den Keller unseres Nachbarhauses, der angeblich »bombensicher« sein soll. Zu denen, die ins Nachbarhaus gehen, gehören Ursula und ich.

Wir sind die Ersten hier unten. Ursula bezieht ihren Stammplatz zwischen zwei gewaltigen Stützbalken und verstaut unser Gepäck hinter sich.

»Deine Hetzerei immer«, murrt sie, »wir haben noch nicht mal die Fenster aufgemacht. Dabei bin ich überzeugt, dass es nur blinder Alarm ist.«

Allmählich füllt sich der Keller. Der weibliche Luftschutzwart erscheint, in vorschriftsmäßiger Luftschutzkombination, Stahlhelm auf dem Lockenkopf, Gasmaske um den Hals. Frau Treu ist eine umsichtige Person – ihr Mann ist Baumeister und Architekt, er hat diesen Keller ausgebaut. Sie ist sympathisch, macht nicht viel Aufhebens trotz ihrer kriegerischen Kostümierung. Sie bringt eine Petroleumlampe und einen Packen Kerzen mit: »Für alle Fälle. Aber denken Sie, der Deutschlandsender spielt immer noch!«

Jeder, der kommt, verkündet dieses Wunder, jeder sagt: »Dann ist sicher nicht viel los.« Aber keiner weiß etwas Bestimmtes.

Doch. Frau Mergenthien, die zuletzt erscheint, hat heute mit ihrem Arzt »darüber« gesprochen, und der hat gesagt: »Frau Mergenthien, passen Sie auf, heute Abend wird es schlimm!« Und Frau Mergenthiens Arzt hat bisher noch immer richtig prophezeit. Aber Frau Mergenthien stößt auf allgemeine Ablehnung: »Woher will der denn so genau Bescheid wissen? Bloß nicht unken!«

Es sind vielleicht fünfundzwanzig, dreißig Menschen hier unten in zwei Kellerräumen verteilt. Ein weiterer, kleinerer Kellerraum ist reserviert für das Ehepaar Bär. Sie ist »Arierin«, der Mann Jude. Es ist ihnen nicht erlaubt, mit uns zusammenzusitzen.

Man unterhält sich, man liest, es gibt sogar eine Gruppe, die Skat spielt. Man tut vorläufig noch so, als sei eigentlich gar nichts weiter los, als habe man sich hier nur mal eben ganz zwanglos getroffen. Aber ich kann jetzt keine harmlosen Gespräche führen und auch nicht lesen, ich versuche, durch das gedämpfte Stimmengewirr nach draußen zu horchen. Wird schon geschossen?

Ursula unterhält sich mit Herrn Eisholm, einem Schauspieler. Als es neulich Alarm gab, kam er ziemlich angeschickert in den Keller und seine hübsche junge Frau hatte Mühe, seine defätistischen Äußerungen zu bremsen. Dauernd fing er an: »Aber der Endsieg ist nahe, haben sie gesagt. Bitte, das haben sie gesagt ...« Und dann: »... es muss ja nicht unser ...« Dann hat seine Frau ihn schnell unterbrochen, er hat seinen Satz nicht fertiggekriegt und das war gut, weil die Schuchts schon aufmerksam geworden waren. Aber Betrunkene sind dickköpfig und Herr Eisholm setzte immer wieder neu an. Es war eine heikle Situation.

* * *

Frau Treu, die Luftschutzwartin, ist mit ein paar Herren aus dem Hause durch den Heizungskeller auf die Straße gegangen. Solange sie nicht zurückkommen, ist keine direkte Gefahr.

Frau Mergenthien, die das mit dem Arzt erzählt hat, legt sich eine Patience. Das tut sie immer.

Frau Treu kommt zurück, allerdings ohne Begleitung, aber alles ruft sofort erschrocken: »Geht's los?« Frau Treu erklärt beruhigend, es sei alles still, sicher würde gleich entwarnt werden, und der Deutschlandsender solle auch immer noch spielen, habe sie eben gehört. Sie wollte nur die Anwesenheitsliste herumgeben.

Die Anwesenheitsliste – das ist für den Fall, dass wir verschüttet werden. Wir müssen uns alle eintragen. Falls nach uns gegraben wird ...

Wir sind gerade mit unserer Liste fertig, da erscheinen die Herren, die Frau Treu vorhin begleitet haben. Sie sehen etwas verstört aus, die Herren.

»Jetzt werfen sie die Weihnachtsbäume ab«, sagt einer von ihnen.

Also ist es so weit. Also wird es gleich losgehen. Wenn sie erst die Weihnachtsbäume abwerfen ... Was einen so anheimelnden Namen hat, ist die Leuchtspurmunition, mit der die Flak gestört werden soll.

Jemand sagt: »Vielleicht haben sie andere Ziele ...«

Dann beginnt die Flak am Stadtrand zu grummeln. Als ob ein Gewitter aufzieht. Plötzlich mischt sich die Zooflak ein. Jetzt ist das Gewitter näher gekommen. Die leichte Flak. Die schwere Flak.

Und dann ist da auf einmal ein monotones Brausen und Brummen. Dazwischen das Belfern und Grummeln der Flak. Aber das Brausen und Brummen ist stärker. Und es ist sehr nahe.

Dann fallen die Bomben.

Das Licht flackert, es wird immer schwächer, flammt dann wieder stärker auf. Nach einer donnernden Detonation verlischt es ganz.

Jemand flüstert nach Kerzen. Ein Kind weint. Frau Treu fragt halblaut nach Spaten, Hacke und Seilen. Sie steht mit einer Spitzhacke neben der Wand mit der Aufschrift »Mauerdurchbruch«. Niemand spricht. Niemand wagt zu sprechen.

Schlag auf Schlag, erst ein Sausen und Heulen, dann, wenn die Bombe einschlägt, ein Bersten und Krachen, das das Haus in seinen Fundamenten erzittern lässt.

Ich sitze auf meinem Stuhl wie gestorben. Eine Schutzbrille vor Augen, ein feuchtes Tuch griffbereit im Schoß, die Finger fest gegen die Ohren gepresst. Ich will nichts hören und nichts sehen, blinzelnd stelle ich fest, dass Ursula aufgesprungen ist und nun zwischen den Stützbalken steht.

Sie sagt keinen Ton, hat sie jetzt auch Angst? Gibt es hier unten irgendeinen, der keine Angst hätte?

Angst, Angst. Sonst wissen wir nichts mehr. Wir wissen nur noch, dass wir sterben, wenn die Bombe uns trifft. Qualvoll sterben. Wir können ersticken im Kalkstaub und Brandrauch. Wir können langsam verbrennen. Wir können ertrinken, wenn die Wasserrohre brechen. Wir können von den einstürzenden Mauern zerquetscht werden. Es gibt viele Möglichkeiten.

Angst, Angst. Wir alle haben Angst, auch Ursula. Auch Professor Liebert, der ein kluges Werk über das

Leben nach dem Tod geschrieben hat. Auch Frau Mergenthien, deren Patiencekarten auf dem Boden verstreut liegen und die eben von Frau Schemm, der Laienhelferin, Herztropfen verabreicht bekommt. Auch Frau Treu und alle anderen, Männer, Frauen, Kinder.

Nur noch die Angst gibt es.

So muss es sein, wenn die Welt untergeht. Mit solchem Donnern, Fauchen, Prasseln, Heulen, Sausen, Krachen.

Und das unaufhörliche Brummen der Flugzeuge über uns. Ja, unaufhörlich. Das da draußen wird nie ein Ende nehmen. Kein Mensch spricht ein Wort, auch das Kind ist still. Eine Kerze brennt. Aber sie wird wieder ausgelöscht. Sauerstoffverbrauch! Wer weiß, wie lange wir hier unten ... Wenn ich jetzt überhaupt noch irgendetwas denken kann, dann ein hilfloses Kindergebet. Dann nur noch: Lieber Gott, beschütze uns, lass uns hier nicht umkommen! Ich bitte dich, lass uns hier nicht umkommen.

Ja. Unaufhörlich: Lass uns hier nicht umkommen.

Die Bomben fallen und fallen und fallen. Treffen die stattlichen alten Wohnhäuser, die vornehmen Villen, die grauen, engbrüstigen Mietskasernen. Die Brandbomben könnte man noch mit ein paar Eimern Wasser unschädlich machen. Aber die Phosphorbomben sind gefährlich. Der Phosphor frisst sich tief ins Fleisch, wenn man mit ihm in Berührung kommt. Der Phosphor glüht in den Häusern heimlich weiter, er ist wie eine tückische, schleichende Krankheit.

Und die Sprengbomben. Die Luftminen, die alles im Umkreis zerreißen, fein säuberlich zu Staub zermahlen, Häuser und Menschen. Ja, und Menschen. Aber es geht schnell bei den Luftminen. Phosphor ist qualvoller. Die Luftminen zerreißen die Lungen. Das geht sehr schnell.

Die Lufttorpedos ... ja, wie war das mit den Lufttorpedos ... sie haben eine durchschlagendere Wirkung und sind flinker als die schweren Minen. Die Lufttorpedos haben eine besondere Splitterwirkung.

Lass uns hier nicht umkommen.

Die Welt geht unter da draußen. Die Stadt brennt heute ab. Wir alle mit. Restlos.

Lass uns hier nicht umkommen.

* * *

Frau Treu sagt: »Es hat etwas nachgelassen. Wir müssen einen Kontrollgang machen. Wer kommt mit?«

Niemand meldet sich. Nicht ein Mann. Nicht eine Frau. Keiner sagt etwas.

Hat es denn wirklich nachgelassen? Unsinn!

»Nein, die Einschläge liegen jetzt weiter weg«, behauptet jemand.

Frau Treu sagt: »Ich gehe. Noch mal: wer kommt mit?«

Ursula natürlich. Nach ein paar Schrecksekunden hat sie sich entschlossen. Ich bewundere sie dafür. Ein paar Männer schließen sich an. Es ist ja richtig, man muss einen solchen Kontrollgang machen. Vielleicht brennt uns gerade das Haus überm Kopf ab ...

Aber ich bin feige. Ich kann nicht. Ich will nicht. Ich müsste mich schämen, aber ich schäme mich nicht.

Die Kontrollgänger kommen bald zurück.

»Eine neue Welle«, melden sie. Aber noch sei bei uns alles in Ordnung. Noch!

»Und sonst?«

»Die Stadt brennt überall. An allen Ecken.«

Eine neue Welle also. Eine neue Welle Bomben. Luftminen, Lufttorpedos, Sprengbomben, Brandbomben, Phosphorkanister. Flugzeuge, Bomben, Flugzeuge, Bomben.

Lass uns hier nicht umkommen.

* * *

Es ist entwarnt worden.

Die Straße ist taghell. Die Stadt brennt. Was soll man mehr darüber sagen als: Die Stadt brennt.

Unsere Straße steht von der nächsten Ecke an bis herunter zum Zoo auf beiden Seiten in Flammen. Wir sind eingekesselt vom Feuer.

Ursula und ich schleppen unser Gepäck wieder in die Wohnung, dann steigen wir aufs Dach. Andere Hausbewohner folgen uns. Der Blick aufs brennende Berlin ist schaurig und das Bild hat etwas Unwirkliches. Schaurig und unwirklich.

Während wir noch oben stehen, heulen die Sirenen ein zweites Mal. Wir fallen beinahe vom Dach. Ohne Koffer, ohne Taschen geht es in den Keller, jetzt ist uns alles gleichgültig.

Der Luftschutzkeller ist überfüllt mit »Ausgebombten« aus der Umgebung. Sie hocken hier unten und wissen nicht, wohin.

Diesmal ist es wirklich blinder Alarm, es wird gleich wieder entwarnt.

Ursula und ich werden auf der Straße von einer Frau

angesprochen, die unter zwei Koffern fast zusammenbricht.

»Entschuldigen Sie, könnten Sie mich mitnehmen? Ich weiß nicht, wohin.«

Natürlich, sie kann mitkommen.

Wir inspizieren jetzt erst unsere Wohnung. Die Fensterscheiben sind wunderbarerweise alle heil geblieben. Wir können es nicht begreifen.

Die Fremde ist jung und sympathisch. Sie erzählt, dass sie aus zwei brennenden Häusern geflüchtet ist. Ihre Wohnung? Total ausgebrannt. Phosphor. Ja, bei Phosphor ist nicht mehr viel zu machen. Sie spricht darüber so, wie man über ganz normale, alltägliche Dinge redet.

»Setzt euch an die Heizung. Ich mach uns einen Tee«, sage ich.

Als ich mit dem Tee ins Wohnzimmer zurückkomme, steht eine Flasche französischer Kognak auf dem Tisch. Fräulein Sannecke, so heißt sie, hat ihn aus ihrem Koffer hervorgeholt. Manja Sannecke ist vierunddreißig Jahre alt.

Wir sitzen die halbe Nacht zusammen und trinken Kognak und Tee. Um uns brennt die Stadt.

Fräulein Sannecke hat in Paris bei der Propagandastaffel gearbeitet als Sekretärin, war dann in Toulon und Marseille und zuletzt in Baden-Baden. Jetzt ist sie auf Urlaub in ihrer Heimatstadt Berlin. Sie wird von Ursula gefragt, wann der Krieg aus sei und ob sie glaube, dass wir ihn gewinnen.

Fräulein Sannecke guckt skeptisch und meint, im Augenblick sähe es nicht danach aus. Man müsse abwarten ...

Dann gleitet sie vom Politischen ins Private ab, wir erfahren in dieser Nacht ihre ganze Lebensgeschichte. Es ist keine aufregende Geschichte, wie es scheint. Manja Sannecke ist die Tochter eines begüterten Textilkaufmanns, hat ihr Abitur gemacht und wollte Jura studieren. Und dann wollte sie heiraten. Ihr Verlobter war auch Jurist. Aber aus der Heirat wurde nichts. Der Verlobte musste Deutschland verlassen. Sie sagt nicht, warum, auf Ursulas teilnahmsvoll-neugierige Frage dazu geht sie nicht ein. Sie sagt nur: »Ich hoffe, es geht ihm gut.« Das Jurastudium hat sie abgebrochen und die Handelsschule besucht. Ihr Vater ist gestorben, nur die Mutter lebt noch in Berlin.

Es ist schon dämmriger Morgen, als wir endlich schlafen gehen. Fräulein Sannecke wird die Couch im Wohnzimmer eingeräumt.

* * *

Der nächste Tag.

Tag?

Es wird nicht Tag. Es ist um zehn Uhr morgens noch fast Nacht. Eine unheimliche Nacht, gelb und schweflig und drückend. Wenigstens gibt es elektrisches Licht. Gas ist weg. Gestern Nacht gab es das noch.

Wir trinken zu dritt Tee und frühstücken etwas, dann will sich Fräulein Sannecke auf den Weg zu ihrer Mutter machen. Die wohnt im Hansaviertel. Bis gestern jedenfalls wohnte sie dort.

Manja Sannecke drückt uns die Hände und schenkt uns noch eine Flasche Kognak. Zur Erinnerung und zum Dank. Sie verspricht, uns zu schreiben und uns zu besuchen.

Wir hören nie wieder etwas von ihr.

* * *

Ursula und ich geben den Versuch, in unsere Büros zu gelangen, sehr schnell wieder auf. Natürlich fährt keine Straßenbahn. Wir haben uns gegen Mittag zu Fuß auf den Weg gemacht, sind über umgestürzte Hochspannungsmasten und ineinander verknäulte Leitungsdrähte, über Ziegelsteintrümmer und Autowracks geklettert, Schutzbrillen vor Augen, denn der Qualm, der in der Luft hängt, beißt und brennt.

Wir sind nicht weit gekommen.

Absperrungen überall. Rettungswagen mit Schippkolonnen zum Bergen der Verschütteten versuchen, sich einen Weg zu bahnen. Und ein Meer von Obdachlosen flutet dazwischen. Rauchgeschwärzte Gesichter. Graue Gesichter. Alle Farben sind ausgelöscht in dieser Nacht. Es gibt nur noch Grau, Schwarz und das Schwefelgelb des Qualms.

* * *

Manchmal warnt ein Schildchen: »Achtung! Blindgänger!« Dann macht man einen kleinen Bogen. Aber niemand achtet wirklich darauf. Es wird schon nichts passieren. Man stumpft ab.

An einem riesigen Trümmerhaufen wird gegraben. Rundherum ist abgesperrt. Ein paar »politische Leiter«

in Uniform stehen dabei und eine Schar von Passanten, vielleicht sind Angehörige von denen darunter, die hier gesucht werden.

Im Vorbeigehen hören wir: »... gestern Abend auf Urlaub gekommen, er hatte sich so auf das Kind gefreut ...« – »... die Bombe soll schräg in den Keller gegangen sein ...« – »... da ist wohl nichts mehr zu machen ...«

Weitergehen, schnell weitergeben. Nicht hinsehen, was sie da in den Wagen mit dem Roten Kreuz tragen.

* * *

Ein Haus, das brennt. Viele Menschen sind dabei, Sachen herauszuholen. Möbel, Kisten, Koffer, Geschirr. Im Vorbeigehen hören wir: »... war alles noch in Ordnung, und heute Morgen plötzlich fängt es an zu brennen ...« – »... sagt, das Feuer sei übergesprungen, aber ich glaube, es war Phosphor ...« – »... schon bis zur zweiten Etage, da ist nichts mehr zu retten ...«

Ein Stapel Geschirr auf einem Stoß von Büchern.

Ursula bleibt stehen.

»Goethe«, liest sie, »das ist eine Jubiläumsausgabe, etwas ganz Besonderes, sehr alt.«

Die Bücher liegen im Straßenschmutz zwischen zerbrochenen Dachziegeln.

* * *

Wieder zu Hause.

Das Telefon ist gesperrt. Wir sitzen herum und wissen nicht, was wir anfangen sollen. Das hat es bisher bei uns noch nicht gegeben. Heute ist es so. Wir sind apathisch. Aufräumen? Lesen? Ach. Nichts. Nichts mehr.

Ursula steht am Fenster zum Gartenhof.

»Es ist alles so unwirklich«, sagt sie.

Von draußen kommt das Hämmern und Hupen und das eigentümliche Singen der automatischen Feuerspritzen zu uns herein. Es kommt alles seltsam gedämpft, als geschehe es hinter einer dicken Wand. Die Wand besteht aus Qualm und Rauch.

Das Radio funktioniert. Der Deutschlandsender bringt den Bericht zur Lage. Ursula schaltet ab.

Aber um vierzehn Uhr kommt der Wehrmachtsbericht, den wollen wir heute hören. Die Berichte aus dem Osten interessieren uns jetzt nicht. Wir wollen wissen, was das OKW, das Oberkommando der Wehrmacht, über Berlin sagt. Dabei wissen wir ja selbst genug. Aber es ist, als brauchten wir eine Bestätigung der letzten Nacht.

Wir bekommen unsere Bestätigung.

Terrorangriff. Verwüstungen in vielen Stadtteilen. Verluste unter der Zivilbevölkerung. Zehn oder fünfzehn feindliche Flugzeuge abgeschossen.

»Was denen das schon ausmacht!«, sagt Ursula.

»Was Horst wohl dazu meint?«, sage ich.

Frau Riebel aus dem Parterre kommt auf einen Sprung zu uns herauf. Sie wohnt mit ihrem Mann, einem Buchhändler, schon lange im Haus und kennt uns seit der Zeit, als wir kleine Mädchen waren und unsere Eltern noch lebten. Hin und wieder bemuttert sie uns ein bisschen. Sie ist Blockwartin der NSV und verteilt die

Lebensmittelkarten. Ihr Mann ist in der Partei. Aber alle im Haus wissen, dass die Riebels »nicht so« sind.

Frau Riebel erzählt, dass ihr Mann es heute in die Stadt geschafft habe, dort sehe es nicht ganz so schlimm aus. Diesmal sei hauptsächlich der Westen dran gewesen. Das ganze Hansaviertel soll in Flammen stehen. Und die Straßen um den Zoo herum und der Zoo selbst. Die Budapester Straße und die Nettelbeckstraße und die Kurfürstenstraße – wo Ursula arbeitet –: alles ein Trümmerfeld.

»Wie lange soll das bloß so weitergehen«, sagt die Blockwartin, »wenn sie doch endlich Schluss machen würden.«

»Aber wie? Und was dann?«, fragt Ursula.

Frau Riebel zuckt die Achseln.

»Es kann doch nicht alles umsonst gewesen sein«, sagt Ursula.

»Es muss irgendwas geschehen«, sage ich. Frau Riebel seufzt: »Aber was?«

Wir wissen es nicht.

* * *

Der Abend.

Es ist wie am Tag vorher. Sirenengeheul. Flucht in den Keller. Dann wieder Bomben, Bomben, Bomben.

Lass uns hier nicht umkommen.

Nur eine Ecke von uns entfernt fallen Spreng- und Brandbomben. Dabei ist dort doch schon alles kaputt.

Wann sind wir dran?

* * *

Der dritte Großangriff in dieser Woche.

Einen Abend hatten wir Ruhe, aber das war fast noch schlimmer. Wir hockten in voller Kellerausrüstung da und warteten. Wir hörten kein Radio mehr. Wozu? Seit der Deutschlandsender weiterspielte …

Bis zehn warteten wir.

Dann sagte Ursula: »Ich leg mich jetzt hin. Ich fall um vor Müdigkeit.«

Wir waren heute beide wieder im Büro. Das Haus Sauermilch steht noch, obwohl es die Kurfürstenstraße stark getroffen hat. Frau Sauermilch sagte: »Sie brauchen ja jetzt nicht so früh zu kommen, wenn die Bahnen nicht fahren. Da kommen Sie ebent nur mittags und sehen nach der Post mit meinem Mann.«

Ja, die Bahnen fahren noch nicht wieder. Es ist ja auch sinnlos, irgendetwas zu reparieren. Was man morgens ausgebessert hat, wird abends wieder zerstört.

Es ist alles so sinnlos.

Ursula zieht ihren Mantel aus, legt das Kopftuch ab. Sie sieht blass und abgespannt aus. Unser täglicher Fußmarsch durch die Trümmerstraßen ist anstrengend.

Ich sehe auch nicht besser aus. Wenn wir in den Spiegel gucken, kriegen wir einen Schreck. Wir waren doch mal ganz nette junge Mädchen.

»Ein Mist ist das alles«, sagt Ursula.

* * *

Lohnt es sich überhaupt noch, auf diese Trümmerstadt, die einmal Berlin war, Bomben abzuwerfen? Was steht denn eigentlich noch?

Es steht immer noch etwas zwischen den Ruinen. Unser Haus steht ja auch noch. Unsere Nachbarhäuser stehen noch.

Wie lange noch?

Ursula kommt gegen Nachmittag mit einer stark angeschwollenen Aktentasche vom Büro nach Hause. Wir arbeiten jetzt beide nur halbe Tage.

»Weißt du, was ich hier drin habe?«

Keine Ahnung.

Ursula packt aus. Schokoladenplätzchen sind es. Zehn Tüten mit Schokoladenplätzchen.

»Hab ich in irgendeinem Laden entdeckt. Das Zeug ist ein bisschen feucht geworden beim letzten Angriff, als gelöscht wurde. Jetzt wird es in Bausch und Bogen ohne Marken schnell verkauft. Ist doch großartig, was?«

Es ist wirklich großartig.

Wir sitzen abends an der kalten Zentralheizung, vor uns eine große Schale mit feuchten Schokoladenplätzchen. Und essen schweigend Stück für Stück.

Der Uhrzeiger wandert.

Um zehn ist die Schale leer.

Ursula reckt sich und sagt: »Jetzt ist mir beinahe schlecht. Ein wunderbarer Zustand! Ich geh schlafen.«

Und sie verschwindet im Bad. Ich rufe ihr hinterher:

»Ziehst du dich etwa aus?«

Wir ziehen uns nämlich seit dem 22. November nicht mehr richtig aus, wenn wir zu Bett gehen. Man schläft in seinen Sachen, nur das Kleid wird ausgezogen. Bei Alarm zieht man lange Hosen und einen Pullover an.

»Doch, ich zieh mich heute mal wieder richtig aus«, ruft Ursula, »ist ja ekelhaft, immer in seinem Zeug schlafen. Ich will das nicht mehr!«

»Und wenn Alarm kommt?«

»Heute kommt keiner.«

»Du sollst es nicht berufen!«

Ursula lacht nur. Und sie behält recht. Es kommt kein Alarm in dieser Nacht.

* * *

Es gibt immer noch kein Gas. Und wir haben bloß einen elektrischen Wasserkessel, aber keinen Kocher. In einem Flohkino am Nikolsburger Platz, bei uns um die Ecke, verteilt die NSV warmes Essen. Ohne Marken! Das Essen ist gut, aber man muss manchmal Stunden warten, bis es kommt. Es gibt Nudelsuppe mit Fleisch und Graupeneintopf und alles ist kräftig gekocht. Die Frauen stehen mit Eimern und Schüsseln und Töpfen an und warten geduldig.

Brot gibt es auch. Viel Brot mit ganzen Klumpen Butter, mit Wurst, mit Käse. Alles überreichlich. Für die Kinder Äpfel und Bonbons.

Die Leute sagen: »Das muss man ihnen lassen – die Verpflegung klappt.«

Die meisten nehmen das Essen mit nach Hause, aber viele essen mit ihren Kindern gleich im Kino. Auch Ursula und ich. Wir sitzen in einer Loge – der ganze Zuschauerraum ist angefüllt mit löffelklappernden Menschen.

Der Geschäftsführer läuft aufgeregt herum und ruft:

»Bitte, meine Herrschaften, beschmutzen Sie die Bestuhlung nicht!«

Das Kino wird ein paar Tage später zerbombt.

* * *

Allmählich kommt das Leben wieder in Gang. Die erste Straßenbahn wird mit Jubelrufen begrüßt. Das erste Telefongespräch ist eine Sensation. Die erste, zittrige, schwache Gasflamme ist das Tagesgespräch des ganzen Hauses. Die Angst bleibt. Jeden Abend kommt sie wieder, die Angst, wenn es dunkel wird. Aber sie legt sich ein bisschen, je später es wird. Zwischen sieben und neun – das ist die kritische Zeit. Obwohl ja niemand weiß, ob »sie« nicht auch einmal des Nachts kommen. Aber es ist, als sei es eine stillschweigende Vereinbarung zwischen »ihnen« und uns: nur zwischen sieben und neun.

Als acht Tage ohne Angriff vergehen, acht Tage ohne Sirenengeheul, spricht man schon darüber. Manche sagen: »Unsere Abwehr ist jetzt stärker!« Manche sagen: »Das Wetter ist ungünstig.« Manche sagen: »Die sammeln sich bloß zum Großangriff!« Und die Spaßvögel meinen ironisch: »Ach, die *können* einfach nicht mehr!«

Horst hat uns kurz besucht. Wollte sehen, ob wir noch leben. Diesmal fragte Ursula nicht, wann der Krieg aus sei. Aber sie wollte wissen:

»Wann kommen denn nun endlich die neuen Waffen?«

»Wartet nur ab«, war seine Antwort.

Und wir warten.

* * *

Dann gibt es doch eines Nachts Alarm. Nein, es ist schon gegen Morgen, so kurz nach drei Uhr. Unbegreiflich! Ganz benommen und verschlafen findet sich alles im Keller ein.

Der Schauspieler Eisholm ist wieder betrunken. Er sagt: »Aber wir spielen heute Theater! Jawohl, wir spielen auf den Ruinen von Berlin Theater. Das hat der Herr Goebbels so bestimmt!«

Er sagt noch viele Sätze, in denen immer wieder »der Herr Goebbels« vorkommt. Eigentlich klingt es ganz harmlos, was er sagt. Bloß, *wie* er es sagt. Seine hübsche junge Frau mahnt ihn zur Ruhe. Die Schuchts beobachten ihn interessiert.

Der Angriff galt diesmal nicht uns. Wir hören es morgens im Radio: In Leipzig sind »sie« gewesen. Kein Mensch hat dort den Alarm ernst genommen, in Leipzig war bisher noch nie etwas passiert. Die Menschen sind in Bademänteln und Schlafanzügen in den Keller gerannt, als die Bomben schon fielen. Wer getroffen wurde, hat alles verloren. Und viele auch ihr Leben.

Frau Roloff aus unserem Haus bekommt nachmittags telefonisch Bescheid, dass ihre Tochter und ihre drei Enkelkinder bei dem Angriff umgekommen sind. Später erfahren wir, dass sie alle vier verbrannt sind. Eine Phosphorbombe in den Keller, Sprengbomben aufs Haus. Verschüttet und verbrannt. In Phosphorflammen langsam verbrannt. Die Tochter von Frau Roloff war fünfundzwanzig. Das jüngste Kind ein halbes Jahr. Frau Roloffs Sohn ist im April an der Ostfront gefallen.

* * *

Am Sonntagvormittag setzt sich Ursula ans Klavier.

Schubert und Brahms singt sie. Traurige Lieder. ›Auf dem Kirchhofe‹ und ›Der Tod, das ist die kühle Nacht‹.

Der Tod, das ist die kühle Nacht.

Es ist ein Lied, das Ursula oft gesungen hat, es liegt ihrer Stimme besonders gut. Sie singt es jetzt anders als früher, finde ich. Ich sage ihr das.

»Wie, anders?«

»Eben anders. Ich kann es dir nicht erklären ...«

Ich überlege. Dann sage ich:

»So, als glaubtest du nicht an das, was du da singst. Der Text ist ja traurig, aber auch tröstend, oder?«

»Tröstend?«, sagt Ursula.

Was war das eigentlich für eine Zeit, in der diese Dichter lebten? Es hat auch Kriege gegeben, ja. Es hat immer Kriege gegeben. Aber sie haben diese Nächte nicht erlebt, die Nächte von Phosphor und Rauch und Bomben, Nächte, in denen Menschen in den Kellern verbrennen, ersticken, ertrinken.

Der Tod, das ist die kühle Nacht.

Und Ursula singt das von Schubert vertonte Lied vom Tod und dem Mädchen.

Gib deine Hand, du schön und zart Gebild!
Bin Freund und komme nicht zu strafen.
Sei guten Muts! ich bin nicht wild,
Sollst sanft in meinen Armen schlafen!

Es soll so schrecklich gewesen sein, wie die Familie von Frau Roloff umgekommen ist. Man hat sie schreien hören da unten in ihrem brennenden, verschütteten Keller. Aber man konnte niemandem mehr helfen.

Sei guten Muts! ich bin nicht wild,
Sollst sanft in meinen Armen schlafen!

Auch dieses Lied singt Ursula anders.

Sie klappt den Klavierdeckel zu.

»Ich mag das nicht mehr singen«, sagt sie.

* * *

Am 16. Dezember brennt unser Nachbarhaus mit dem bombensicheren Keller nieder. Phosphor. Wir hocken im Keller, über uns brennt es und wir können nicht löschen, weil unentwegt Bomben fallen. Als wir endlich nach draußen können, ist es zu spät. Die SS kommt mit einer Motorspritze und versucht zu löschen, damit das Feuer nicht übergreift. Es greift auch nicht über, das Haus ist aber nicht zu retten. Am Morgen ist es vollkommen ausgebrannt.

Unsere Blockwartin erzählt, dass die Wohnungen dieses Hauses besonders kostbar eingerichtet gewesen seien. So viele Kunstgegenstände! So viele wertvolle Teppiche. So viel antike Möbel. Und die afrikanische Maskensammlung von Professor Liebert!

»Die wird er doch ausgelagert haben!«

Aber er hatte sie nicht ausgelagert.

Die Maskensammlung von Professor Liebert, das unersetzliche chinesische Porzellan und die Wandteppiche von Frau Mergenthien und das ererbte Meißner und die venezianischen Gläser von Architekt Treu – es geht in dieser Nacht alles unter in Phosphor, Asche und Schutt.

* * *

»Nächste Woche ist Weihnachten«, sagt Ursula.

»Meinetwegen könnte es ausfallen«, antworte ich.

»Ach – nein! Es ist doch wenigstens etwas anderes ... ein Fest.«

»Ist dir etwa nach feiern?«

»Natürlich nicht. Aber Weihnachten ist nun mal Weihnachten.« Wir sind keine Kirchgänger. Unsere Beziehung zu Gott ist ziemlich locker. Aber ungläubig sind wir auch nicht. Unsere Kindergebete haben wir nicht vergessen.

Ursula geht auf die Suche nach einem Tannenbaum. Den müssen wir einfach haben, auch in diesem Jahr: »Wir sind noch nie Weihnachten ohne Tannenbaum gewesen!«

Mir ist die Lust auf Weihnachten inzwischen gründlich vergangen. Wer weiß, ob unser Haus am 24. Dezember überhaupt noch steht. An Ursulas Tannenbaum-Suchaktion beteilige ich mich jedenfalls nicht.

Erst einmal bringt sie einen Arm voll Tannenzweige nach Hause und dekoriert damit die Wohnung. Sie erzählt, dass Herr Sauermilch das übliche Weihnachtspaket aus dem Führerhauptquartier bekommen habe. Ein umfangreiches Paket. Es enthält Fett und Fleisch und Kaffee, acht Pfund Kaffee! Herr Sauermilch war sehr glücklich über das Paket und die hohe Ehre. Es war nämlich auch eine Karte dabei, erzählt Ursula, die der Führer persönlich unterschrieben hat. Und Herr Sauermilch hat die Karte allen gezeigt, sogar der Köchin Emma. Und er hat zur Köchin Emma gesagt: »Na? So ein Paket kriegt wohl Ihr Herr Garduschke auch?« Und die Emma hat gesagt, dass der Herr Garduschke in seinem Wohnzimmer ein großes Bild von Kaiser Wilhelm II. »zu hängen« habe, mit einer persönlichen Widmung! Und Wilhelm II. sei sogar Kaiser gewesen und »der Hitler bloß ein Gefreiter«, hat die Emma gesagt.

Das Paket hat Herr Sauermilch nicht gezeigt, aber erzählt, was drin war. Und dann ist Frau Sauermilch ins Büro gekommen und hat der Buchhalterin und Ursula je ein Tütchen in die Hand gedrückt.

»So ein Briefmarkentütchen aus Cellophan, weißt du.«

Darin ist Kaffee gewesen. Bohnenkaffee aus dem Führerpaket. Herr Sauermilch hat seine Frau gefragt, ob »die Mädchen« auch was aus dem Paket bekommen hätten. »Ja, selbstverständlich«, hat Frau Sauermilch gesagt.

Und das stimmte ja auch.

* * *

Zu Weihnachten haben wir wirklich einen Tannenbaum. Eine kleine Edeltanne. Ursula putzt sie auf.

Am 24. Dezember gibt es gegen vier Uhr morgens Fliegeralarm. Aber unsere Gegend bleibt verschont. Wir atmen auf, als wir aus dem Keller kommen – wir gehen jetzt auch rüber zur SS. Der Feuerschein am Himmel ist weit entfernt. Ja, wir atmen auf. Und wissen doch: Jetzt liegen wieder Menschen unter Trümmern begraben und sterben. Am 24. Dezember 1943.

Aber *wir* sind es nicht. *Noch* nicht.

Ursula putzt unseren Tannenbaum auf mit Lametta und Engelshaar und bunten Glaskugeln. Christbaumkerzen haben wir keine, nur noch Kerzenstummel aus den letzten Jahren, vorsorglich aufgehoben. Sie müssen reichen. Und während sie den Baum aufputzt, singt Ursula unverdrossen Weihnachtslieder. Um zwei Uhr kommt der Wehrmachtsbericht.

Ursula hört ihn, während sie Lametta im Baum verteilt.

»In den frühen Morgenstunden des heutigen Tages war Berlin erneut das Ziel britischer Bomber. In einigen Stadtteilen entstanden erhebliche Zerstörungen. Die Bevölkerung hatte Verluste.«

Der 24. Dezember 1943. Heiligabend.

Und Friede auf Erden und den Menschen ein Wohlgefallen.

* * *

Es ist bald nach Weihnachten, als Ursula krank wird. Die Galle. Ausgerechnet die Galle. Wo Ursula sich doch durch fast nichts aus der Ruhe bringen lässt. Es hilft nichts, sie muss zum Arzt. Die Sauermilch'sche Buchhalterin empfiehlt ihr einen, unseren alten Hausarzt gibt es nicht mehr.

Doktor Bergner ist praktischer Arzt und Frauenarzt. Er sei sehr gut, meint die Buchhalterin. »Und er ist ein ganz toller Mann«, fügt sie mit einem geheimnisvollen Lächeln hinzu.

Seine Praxis liegt in einer Nebenstraße des Kurfürstendamms und das Wartezimmer ist ziemlich elegant eingerichtet. Elegant sind auch die meisten Patientinnen. Einige recht junge sind darunter. Sie tragen hauchdünne Seidenstrümpfe an ihren schlanken Beinen und wunderbare Schuhe. Ja, hauchdünne Seidenstrümpfe aus Amsterdam und Bukarest, Schuhe aus Paris, Pelze aus Norwegen. Um den Hals haben sie grellbunte Tücher aus Italien geschlungen. Offensichtlich haben sie alle irgendwo einen Freund, einen Verlobten, einen Ehemann, der ihnen etwas schickt.

Ursula sitzt dazwischen, mit gestopften Linksstrümpfen (billiges Zeug auf Punkte der Kleiderkarte) und löcherigen Gummistiefeln. Sie trägt einen Wintermantel aus irgendeinem Ersatzkunststoff. Und Ursula denkt darüber nach, warum wohl gerade sie niemanden hat, der ihr etwas schickt. Sie denkt, dass sie doch sicher nicht weniger hübsch ist als die eleganten jungen Damen neben ihr.

Vielleicht denkt sie auch an die Geschichte mit dem Konsul.

* * *

Den Konsul hat Ursula bei Herrn Sauermilch kennengelernt. Er hat sie dort gesehen und sich in sie verliebt. Dann hat er sie in die Pension eingeladen, in der er wohnte – er kam aus Paris. Eine sehr feudale Pension am Kurfürstendamm. Am nächsten Tag musste er schon wieder zurück nach Paris. Sie haben auf seinem Zimmer zusammen französischen Kognak getrunken und Pralinen genascht und zu Abend gegessen. Aber es ist nichts passiert! Sie haben sich nicht mal geküsst. Er war eher väterlich, hat Ursula erzählt.

Dann ist der Konsul also wieder nach Paris abgereist. Aber er hat Ursula geschrieben. Sie waren noch per »Sie«. Ursula ist mit den spärlichen, konventionellen, dürftigen Briefchen – sie hat sie mir alle gezeigt – so stolz herumgelaufen, als enthielten sie die Liebeserklärung ihres Lebens.

Als der Konsul wieder nach Berlin kam, besuchte ihn Ursula Abend für Abend in der Kurfürstendamm-Pension. Acht Tage lang! So lange blieb er in Berlin. Diesmal küssten sie sich, von väterlich konnte keine Rede mehr sein und wenn es nach ihm gegangen wäre, wäre noch mehr passiert. Aber es ging nicht nach ihm. Ursula kam abends nach Hause und sagte: »Ich bin wirklich verliebt in ihn. Aber ich will das einfach nicht.«

Der Konsul erwies sich als sehr geduldig, die Geschichte mit Ursula zog sich immerhin über ein gutes Jahr hin. Sie schrieben sich Briefe, die ich nun nicht mehr zu lesen bekam. Er war verheiratet, das wusste Ursula. Manchmal sagte sie, sie habe das alles satt. Aber auf seine Besuche freute sie sich.

Eines Tages kam der Konsul wieder nach Berlin, aber diesmal ließ er nichts von sich hören. Ursula erfuhr nur von Herrn Sauermilch, dass er da war. Herr Sauermilch schien etwas zu ahnen und war sehr neugierig. Der Konsul hätte so eine ganz, ganz reizende Gattin, erzählte er Ursula.

Die wartete vergeblich auf einen Anruf. Schließlich meldete sich die Berliner Sekretärin des Konsuls bei ihr: Ursula möchte nicht in der Pension nach ihm fragen, er schriebe ihr. Das ließ Ursula keine Ruhe, sie rief trotzdem in der Pension an. »Der Herr Konsul ist nicht da, möchten Sie seine Gattin sprechen?«, fragte die freundliche Telefonistin.

Er schrieb Ursula nicht mehr.

Ursula sagte: »Ich bin sowieso innerlich mit ihm fertig.«

Sie sahen sich dann später doch noch einmal. Er lud sie zum Essen ins Hotel Adlon ein, die Pension am Kurfürstendamm war abgebrannt. Er war noch immer in sie verliebt, aber sie wollte eigentlich nur eine Erklärung von ihm für sein Verhalten damals. Die Erklärung kam nicht. Nach diesem Treffen war wirklich Schluss.

Das war die Geschichte zwischen Ursula und dem Konsul. Eine sonderbare Sache. Eine merkwürdige Dreiviertel-Liebesgeschichte. Wahrscheinlich war er zu alt und sie zu jung. Es konnte einfach nicht klappen zwischen ihnen.

Geschickt hat der Konsul Ursula nie irgendetwas. Wenn er kam, brachte er ihr ein paar Süßigkeiten mit und mal eine Flasche Parfüm, auch mal eine original Pariser Luxuspuderdose und solche Dinge. Ach ja, und ein Paar reinseidene Strümpfe, wenn ich mich recht erinnere. Aber die stammten nicht aus Paris, sondern aus Ankara, wo der Konsul Legationsrat gewesen war.

* * *

Ursula sitzt im Wartezimmer von Herrn Dr. Bergner und die Zeit wird ihr lang. Sie hat den Doktor noch nicht gesehen. Sie hat Schmerzen und fühlt sich elend.

Schließlich ist sie an der Reihe.

Doktor Bergner ist groß, schlank, dunkel, Alter schwer bestimmbar. Er hat schwermütige erdfarbene Augen und eine weiche, dunkle Stimme. Er untersucht Ursula gründlich. Er gibt ihr eine Spritze. Dann klopft er ihr auf die Schulter und sagt: »Also, mein Kind, dann kommen Sie mal übermorgen wieder.«

Ursula mag eigentlich keine Frauenärzte. Nicht, dass sie irgendwelche schlechten Erfahrungen mit einem gemacht hätte, aber sie hat da ihre Vorurteile. Wahrscheinlich genährt durch Filme, in denen Frauenärzte meistens arglistige Verführer waren (gute Rollen für Ferdinand Marian oder Albrecht Schoenhals).

Mit Doktor Bergner ist das anders.

Schon nach dem ersten Besuch bei ihm sagt sie: »Er ist sehr sympathisch. Er hat so eine liebevolle Art.«

* * *

Am 29. Januar 1944 gibt es wieder einen Großangriff gegen die westlichen Stadtteile von Berlin. Auch in unserer Straße brennt es. Und im Keller der SS munkeln die Leute, das sei nur das Vorspiel für morgen. Der 30. werde wohl der schlimmste Tag für uns werden. Viele wollen sogar die Stadt verlassen. Sie sagen, man müsse auf alles gefasst sein. Ursula sagt, das sei Blödsinn. Als ob »die« sich um den 30. Januar kümmern würden!

Der 30. Januar.

Gegen 19 Uhr klingelt unser Telefon.

Man bekommt jetzt immer einen Schreck, wenn das Telefon abends klingelt. Sehr oft sind es Bekannte, die einem einen Wink geben wegen des Alarms.

Diesmal ist es Horst.

»Macht euch fertig. Es gibt was heute Abend.«

Aufgelegt, ehe wir nachfragen können.

Ich fange an zu frieren. Ich friere jetzt immer, wenn Alarm in Sicht ist. Wie im Fieber zittere ich. Ursula sagt: »So ein Mist! Hätte ich nicht gedacht! Aber vielleicht kommen sie nicht hierher, vielleicht fliegen sie nach München. Das ist doch die Hauptstadt der Bewegung.«

»Aber Hitler soll in Berlin sein«, sage ich und die Zähne schlagen mir aufeinander. Ich habe Schüttelfrost.

»Na, der in seinem Bunker!«, sagt Ursula. »Denkst du, das wissen die nicht? Glaubst du, die greifen Berlin an, weil der heute hier ist?«

Jedenfalls machen wir uns fertig und wandern durch die stockfinstere Nacht zur SS. Das tun wir jetzt schon immer vor dem Sirenenheulen, wenn wir Bescheid wissen. Sonst bekommt man nämlich keinen Platz mehr im Keller. Viele Leute stellen sich daher schon lange vor dem Alarm vor das Haus. Herein lässt uns der SS-Posten nicht. Aber wenn es ein freundlicher Posten ist, erkundigt er sich von Zeit zu Zeit, wie es mit den Alarmaussichten steht, und ob die Gefahr vielleicht inzwischen vorüber ist. Und dann schickt er uns nach Hause.

Jetzt steht da schon wieder ein ganzer Tross Menschen mit Koffern und Rucksäcken und Taschen und Kinderwagen. Alles unterhält sich halblaut flüsternd.

Jeder hat etwas anderes gehört. Eine Frau spricht von »Tausenden von Bombern über der Nordsee«, eine andere will gehört haben, heute kämen sie »mit Gas«. Und wieder eine andere meint, sie sollen Richtung auf Hamburg haben.

Du lieber Gott, wieder Hamburg?

* * *

Nach den Sommerangriffen auf Hamburg war ich im Herbst für acht Tage dort. Wir haben Verwandte in Hamburg. Von ihnen wussten wir, dass von der Stadt nicht mehr viel übrig war.

Man hat erzählt, dass dort die Menschen zu Hunderten auf offener Straße einfach an Sauerstoffmangel erstickt seien, weil alles, aber auch alles ringsum brannte. Und man hat erzählt, dass manche Straßen zugemauert wurden, weil man die Leichen nicht mehr bergen könne und in der Sommerhitze Seuchen drohten. Und man hat eine Zeitung herumgezeigt, ein Hamburger Extrablatt, das als einzige Zeitung nach den Angriffen herauskam. Darin hieß es: »Eine Katastrophe von unübersehbarem Ausmaß ist über unsere Stadt gekommen.«

Eine Katastrophe von unübersehbarem Ausmaß.

Man hat erzählt, es seien sechzigtausend Tote gewesen. Und auf dem Ohlsdorfer Friedhof sind weitere zehntausend Leichen, die nicht mehr identifiziert werden konnten, beigesetzt.

Man hat viel erzählt über Hamburg.

Eine Katastrophe von unübersehbarem Ausmaß.

Wir haben nicht alles geglaubt, was man erzählt hat. Dann habe ich die Stadt gesehen.

Und dann habe ich es geglaubt.

Es war September, als ich hinfuhr, die Angriffe waren im Juli gewesen. Es wurden noch immer Leichen aus den Trümmern gegraben. Es lagen Tote unter den Steinen, die man nie mehr bergen würde. Über den Straßen hing ein süßlicher Verwesungsgeruch.

Das war Hamburg.

Eine Katastrophe von unübersehbarem Ausmaß.

* * *

Wir stehen vor dem SS-Haus und warten auf den Alarm.

Um dreiviertel acht stehen wir immer noch.

Ursula sagt: »Das wird heute bestimmt nichts mehr. Ausgeschlossen. Die müssten doch längst da sein!«

»Ach«, sagt eine Stimme aus der Dunkelheit, »die fliegen oft noch irgendwo herum, um die Abwehr zu täuschen.«

»Als ob die das nötig hätten!«, höhnt jemand. »Die läppische Abwehr interessiert die doch überhaupt nicht!«

»Wenn die Abwehr überflüssig ist, brauchten wir sie ja gar nicht zu haben«, ruft eine spitzige Frauenstimme.

»Brauchten wir auch nicht!«

Dunkelheit macht mutig.

Mitten in den Streit heulen die Sirenen.

Es dauert diesmal nicht lange, bis die Bomben fallen. Das Licht geht aus. Aber die Wände und Mauerstützen sind mit Leuchtfarbe bestrichen und phosphoreszieren. Es sieht gespenstisch aus. Die Lüftungsanlage, die elektrisch betrieben wird, muss jetzt von Hand bedient werden.

Wir wissen nicht, was eigentlich passiert ist. Wir wissen nur, dass es eine fürchterliche Detonation gab, die uns fast von den Bänken geworfen hat, dass die Frauen aufsprangen und kreischten und dass die eiserne Luke zum Notausstieg aufgesprungen ist. Und unsere Uhren sind stehengeblieben. Um Punkt neun.

Als das Bombardement nachlässt, wagen sich Kontrollgänger nach draußen. Jedes Haus schickt seine Luftschutzwarte. Die kommen sehr schnell zurück.

Sie sagen weiter nichts als: »Es ist alles in Ordnung.«

Aber ihren Gesichtern sieht man deutlich an, dass das nicht stimmt.

Ursula sagt: »Mal musste es ja passieren.«

Und dann: »Hätten wir doch die Noten in den Keller gebracht.«

* * *

Wir sehen auf einen Blick, dass unser Haus noch steht.

»Das Vorderhaus«, sagt Ursula.

Wir wohnen im Hinterhaus.

Licht brennt nicht, wir stehen auf dem dunklen Hof und Ursula leuchtet mit der Taschenlampe die Hausfassade ab.

Das Haus steht. Auch das Hinterhaus.

Wir stolpern die Treppen hinauf. Über Holztrümmer und Glassplitter. Wir wissen nicht, wohin wir treten, trotz der Taschenlampe. Wir wissen nicht, ob nicht doch vielleicht hier irgendwo ein Loch ist, sich ein Abgrund auftut. Oder ob wir auf einen Blindgänger treten.

Unsere Wohnungstür ist aufgeflogen. Es weht uns kalt entgegen.

»Die Fenster!«, sagt Ursula.

Die Fenster sind in zwei Zimmern mit Rahmen aus der Wand gerissen und liegen als Kleinholz teils auf den Betten, teils hängen sie in der Lampe. Auf einem der Betten liegt die Schlafzimmertür. Das zweite Bett ist umgestürzt. Es streckt alle vier Beine gen Himmel.

Im Wohnzimmer ist der schwere Bücherschrank von der Wand abgerückt. Die Messingkrone an der Decke wie von Riesenfäusten zerquetscht. Die Balkontüren sind herausgerissen. Kleinere Möbel umgefallen. Und alles stinkt nach Rauch. Von irgendwoher fliegen Funken zu uns herüber.

»Sieht ja hübsch aus«, stellt Ursula fest.

Das sogenannte Speisezimmer – unsere Wohnung hat drei Zimmer und eine Kammer – hat am wenigsten gelitten. Die Fensterscheiben sind zwar zerbrochen, aber die Rahmen wenigstens heil geblieben.

Ursula schnüffelt: »Brennt es irgendwo bei uns?«

Sie rennt mit der Taschenlampe durch die Wohnung, leuchtet in alle Ecken. Aber sie findet nichts.

Die Küche ist noch leidlich in Ordnung, die Kammer auch, bis auf die Fenster natürlich. Wir stehen frierend in den Scherben und Ursula sagt:

»Aufräumen können wir ja jetzt nicht, so ohne Licht. Und schlafen können wir hier auch nicht. Wohin sollen wir gehen?«

»Am besten gehen wir wieder rüber in den SS–Bunker. Da müssen sie uns für eine Nacht aufnehmen. Und da ist es wenigstens warm.«

* * *

Wir kommen wirklich wieder in den SS–Bunker. Es brennt dort sogar Licht. Die SS hat ihre eigene Kraftstation, heißt es.

Außer uns sind noch ein paar Frauen da. Sie sagen, sie wüssten auch nicht, wohin. Ihre Wohnungen seien total zerstört. Eine dicke alte Frau redet unaufhörlich von ihrem Bett:

»Und die janzen Scherben in't Bett! Ausjerechnet in't Bett! Ick weeß nich, wo ick schlafen soll. Allet in't Bett!«

Sie erzählt jedem, der neu hinzukommt, von ihrem Bett und dabei weint sie ein bisschen.

Ursula und ich wickeln uns in Decken und setzen uns auf eine der harten Bänke. Schlafen können wir ja doch nicht.

Aber dann werden wir doch müde. Schrecklich müde. Ursula klagt: »Das halt ich nicht mehr lange aus!« Die Bänke werden immer härter.

Neben dem Kellerraum ist eine kleine Sanitätsstation im Haus. Dort ist auch jetzt noch jemand. Ich höre eine Frauenstimme und klopfe an. Die Tür wird geöffnet. Eine Krankenschwester fragt, was ich denn wolle. Ich sehe in dem winzigen Raum zwei unbesetzte Feldbetten und erzähle schnell von Ursulas Gallenanfällen und unserer kaputten Wohnung.

Die Schwester sagt nach kurzem Überlegen: »Na ja, erlaubt ist es nicht. Aber legen Sie sich man hier hin.«

Die Feldbetten sind einfach wunderbar. Wir wickeln uns in unsere Decken und schlafen sofort ein. Aber es ist trotzdem kalt, über Nacht wird die Heizung abgestellt. Wir schlafen frierend und dann frieren wir im Halbschlaf. Morgens sind wir beide wie zerschlagen. Ursula sagt: »Ein Mist ist das! Und meine Galle rührt sich auch wieder.«

* * *

Vormittags versuchen wir, unsere Wohnung in Ordnung zu bringen, soweit das überhaupt möglich ist.

Eine Luftmine ist nicht weit von unserem Haus in den Garten der Klinik, unserem Hinterhaus schräg gegenüber, eingeschlagen. Wir haben den ganzen Luftdruck abgekriegt. Bis zur dritten Etage sind fast alle Wände im Hinterhaus eingestürzt. In unserer Wohnung stehen sie noch, wackelnd.

Eimerweise schaffen wir Glasscherben, Mörtel und Holzteile weg. Wir kippen die Eimer einfach aus dem Fenster in den spärlichen Hintergarten. Von überall hört man Nageln und Hämmern, das Splittern von Glasresten. Während Ursula Schutt schleppt, wütet sie:

»Wie lange soll das noch so weitergehen? Dieser ganze Mist ist doch nicht mehr auszuhalten! Und heute Abend werden sie in den Zeitungen wieder von der heroischen Entschlossenheit der Berliner Bevölkerung quatschen!«

Heroische Entschlossenheit. Wenn hier überhaupt jemand eine Hand rührt, dann nur, weil man im Januar nicht in einer Wohnung ohne Türen und Fenster leben kann.

Nachmittags geht es Ursula ziemlich schlecht. Das Schuttschleppen ist ihr nicht bekommen. Sie entschließt sich, noch schnell zu Doktor Bergner zu gehen.

* * *

In Doktor Bergners Praxis, hinter der auch seine Wohnung liegt, sieht es nicht viel besser aus als bei uns. Wände halb eingestürzt, Fenster zertrümmert, Möbel demoliert. Im Wartezimmer ist die Assistentin dabei, die Fenster mit Pappe zu vernageln.

Das Wartezimmer ist leer, Ursula die einzige Patientin. Die Assistentin sagt: »Wir haben heute keine Sprechstunde, ist es denn so dringend? Herr Doktor war die ganze Nacht im Einsatz. Er hat sich gerade etwas hingelegt.«

»Dann warte ich.«

Die Assistentin zuckt die Achseln und antwortet nichts darauf. Sie hämmert weiter. Sie heißt Frau Schott, ist aschblond und recht apart.

Ursula wartet eine halbe Stunde. Dann öffnet sich die Tür zu Doktor Bergners Arbeitszimmer und er erscheint. Übernächtigt sieht er aus. Nicht so gepflegt wie sonst.

»Na, mein Kind? Wo fehlt's?«, fragt er und zieht Ursula mit sich.

Etwas Seltsames geschieht.

Ursula steht mitten in dem Arbeitszimmer, das mit schönen alten Möbeln und Teppichen eingerichtet ist, jetzt aber auch keine heilen Fenster mehr hat und überall Spuren von Zerstörung zeigt. Ein großer Teppich ist halb aufgerollt, ein paar Bilder sind von der Wand genommen oder gefallen.

Ursula steht da im Halbdämmer des Januartages, auch hier ist es kalt, sie hat Schmerzen. Plötzlich muss sie weinen, sie weiß nicht, warum.

»Na, na«, sagt Doktor Bergner, »was ist denn so schlimm?«

Das hätte er nicht sagen dürfen. Zumindest nicht so, nicht in diesem Ton. Und er hätte ihr nicht die Hände auf die Schultern legen dürfen. So ... väterlich. Ursula schluchzt.

Sie sieht ihn an, sein Gesicht mit den schwermütigen erdfarbenen Augen, ein müdes, übernächtigtes Gesicht mit schlecht rasiertem Kinn.

Die Bewegung, mit der er sie an sich zieht, ist sehr behutsam und zart. Und sein Kuss ist beinahe väterlich.

* * *

Als Ursula nach Hause kommt, ist es dunkel.

Das elektrische Licht brennt nicht.

Wir sitzen bei einer Kerze in der Diele, die keine Fenster hat. Und wir stellen beide fest: Hier können wir heute Nacht nicht bleiben. Außerdem haben wir Angst – wir haben *beide* Angst – vor einem neuen Angriff. Wir können nicht in einer eiskalten Wohnung übernachten, nicht alle Fenster sind schon verpappt, es gab auf dem zuständigen Baubüro heute nur wenig Material.

»Wo sollen wir hin?«, fragt Ursula.

»Versuchen wir's noch mal bei der SS.«

In der SS fragen wir nach Oberscharführer Reuter. Das ist ein langer, blonder junger Mensch, ein Hamburger, mit dem man reden kann. Er führt während der Alarme im Keller meistens die Aufsicht. Das heißt, er wandert mit strahlendem Lächeln durch den Keller und sagt noch während des dicksten Beschusses: »Das war man bloß 'ne Tür.«

Oberscharführer Reuter wiegt den langen, blonden Schädel, als wir fragen, ob wir heute Nacht hierbleiben könnten.

»Von mir aus ja gern«, meint er, »aber ich muss erst den Hauptsturmführer fragen. Und der ...« Er macht eine vielsagende Handbewegung.

»Versuchen Sie's doch, bitte«, sagt Ursula.

Dann telefoniert der Oberscharführer mit dem Hauptsturmführer. Wir hören, wie er ihm unsere Situation in den düstersten Farben schildert. Wir hören ein unsympathisches Bellen, das aus dem Apparat kommt und die Stimme des Hauptsturmführers zu sein scheint. Und wir hören, wie der Oberscharführer schließlich bloß noch sagt: »Jawoll, Hauptsturmführer!«

Das Gespräch ist beendet.

»Tja, hier können Sie nu leider nicht bleiben«, sagt der blonde Hamburger und sieht uns mit ehrlichem Bedauern an, »Befehl is Befehl. Ich hab getan, was ich konnte. Aber es geht nicht, Sie haben's ja gehört. Er will nich! Sie sollen sich man von der Ortsgruppe irgendwo einweisen lassen, sagt er.«

Wir ziehen mit Sack und Pack wieder ab. Der Himmel ist noch immer rot von Bränden. Ursula sagt mit einer Stimme, in der Wuttränen zittern:

»Volksgemeinschaft! Von wegen! Diese Mistkerle! Als ob das irgendwem schadete, wenn wir da heute nacht schliefen!«

Dann meint sie, schon etwas gefasster, in unserem nicht mehr benutzten Hausluftschutzkeller stünden doch sogenannte Luftschutzbetten, wir müssten einfach im Keller schlafen.

In unserem Keller, den niemand mehr betritt, stinkt es so muffig und dumpfig, dass wir zurückzucken, als Ursula die Kellertür öffnet.

»Ausgeschlossen!«, sagt sie. Wir tappen ins Treppenhaus und fragen bei Familie Riebel im Parterre.

Herr und Frau Riebel hatten sich schon hingelegt, jetzt sind sie nicht sehr begeistert, wieder herausgeklingelt zu werden.

Frau Riebel sagt: »Tja, Kindchen, wenn wir eine Couch hätten, könnten Sie bei uns schlafen. Aber wir haben nur ein einziges Sofa ...«

»Wir möchten nicht im vierten Stock bleiben«, sage ich, »und außerdem ist unsere Wohnung eisig kalt.«

Frau Riebel überlegt: »Wenn Sie sich ein paar Strohsäcke von den Kellerbetten holen und Decken und in der Küche schlafen – vielleicht ginge das für eine Nacht?«

Natürlich geht es.

Wir schlafen auf den Küchenfliesen und auf Strohsäcken, die dauernd verrutschen, sodass wir mehr auf den Fliesen als auf dem Stroh liegen. Aber wir schlafen trotzdem.

* * *

Dann kommt eine Woche, in der wir morgens bei Riebels frühstücken, dann unsere Wohnung notdürftig zusammenflicken und mittags NSV-Suppe essen, die jetzt nur gegen Lebensmittelmarken ausgeteilt wird und nicht mehr so gut ist wie im November. Abends schlafen wir auf einer ausgedienten Couch in der seltsamerweise fast unversehrten Küche einer Wohnung im ersten Stock. Die Wohnung steht leer zur Zeit, sie gehört einem jungen Ehepaar, das mit seinem Betrieb Berlin verlassen musste.

Ins Büro gehen wir nur stundenweise.

* * *

Ursula macht kein Geheimnis daraus, dass sie sich in Doktor Bergner verliebt hat. Dreimal in der Woche geht sie zu ihm und bekommt Spritzen. Geküsst hat er sie nicht wieder. Manchmal duzt er sie. Manchmal behandelt er sie mit derselben höflichen Kühle, die er vermutlich allen Patientinnen zuteil werden lässt.

»Ich werde nicht aus ihm schlau«, sagt Ursula, »aber ich glaube, er mag mich.«

Unsere Wohnung ist wieder einigermaßen geflickt. Doch wenn es regnet oder schneit, haben wir Überschwemmung. Denn das Dach ist total kaputt und kein Mensch scheint daran zu denken, es auszubessern.

Bewohnbar ist bei uns jetzt nur ein Zimmer und die Küche. Im sogenannten Speisezimmer wohnen und schlafen wir, wir haben ein Bett und die Couch rübergeschoben. Es ist eng, aber erträglich. Es gibt wieder Gas und Licht.

Nach dem 30. Januar kommt eine Angriffspause.

Aber Doktor Goebbels schreibt in einem Leitartikel im ›Reich‹: »Der Feind wird unsere Städte weiterhin bombardieren. Das schmerzt uns sehr, aber es tötet uns nicht.« Ursula liest mir das vor. Dann sagt sie:

»Hamburg. Kiel. Bremen. Köln. Düsseldorf. Leipzig. Wuppertal ... weißt du, wo sie die Staudämme getroffen haben und die Menschen ertrunken sind ...«

Es schmerzt uns sehr, aber es tötet uns nicht.

»Und Berlin«, sagt Ursula.

Sechzigtausend Tote in Hamburg. Vielleicht auch ein paar tausend mehr.

Es schmerzt uns sehr, aber es tötet uns nicht.

»Die in ihren Bunkern«, sagt Ursula, »was glaubst du, wie schnell der Krieg aus wäre, wenn sie gezwungen wären, die Luftangriffe auch nur eine Woche lang so zu erleben wie wir.«

* * *

Nach den Zehn-Uhr-Nachrichten fingert Ursula am Radio herum und sagt: »Ich versuch mal, London zu kriegen.«

»Neben uns wohnen die Schuchts«, erinnere ich sie, »lass das lieber.«

Wir haben im Hinterhaus zwar keine direkten Etagennachbarn, aber die Vorderhauswohnungen haben einen »Lieferanteneingang« im Hinterhaus. Schuchts wohnen im vierten Stock des Vorderhauses, benutzen den »Lieferanteneingang« allerdings nie. Doch man weiß ja nicht ...

Herr Schucht ist ein mittelhohes Tier bei der SS oder Gestapo, genau wissen wir das nicht, er trägt keine Uniform. Ein Galgenvogelgesicht. Seine Frau hat mal beim Bäcker versucht, mir Brotmarken zu klauen – plötzlich lagen die in ihrem Kinderwagen, ich traute meinen Augen nicht. Frau Schucht schüttete sich aus vor Lachen über das »Versehen«. Ich lachte zwar mit, aber ich dachte mir mein Teil.

Obwohl niemand im Haus dem Schucht und den Seinen über den Weg traut, gab es da mal eine heftige Freundschaft. Ein Modeatelier-Inhaber, der angeblich auch für die Damen Goebbels, Frick und Ribbentrop arbeitet, schloss sich aus unbegreiflichen Gründen Herrn Schucht an. Die beiden waren sogar so befreundet, dass der Modemann Herrn Schucht die Schlüssel zu seiner Wohnung anvertraute, als er mit seiner Frau verreiste. Als er zurückkam, hatte sich einiges in der Wohnung verändert. Gewisse Dinge waren verschwunden und tauchten auch nicht wieder auf. Dann hat es großen Krach gegeben, der wütende Konfektionär hat mit einer Anzeige gedroht. Aber da soll der Schucht gesagt haben (das wird flüsternd bei uns im Haus erzählt), das solle er getrost tun, ihn anzeigen. Dann könnte er, Schucht, ja auch so allerlei erzählen von ausländischen Sendern und defätistischen Äußerungen und so weiter ... Natürlich gab es keine Anzeige. Aber mit der Freundschaft war es auch vorbei.

Der Modemensch, ein kleiner, stets etwas aufgeregter Mann, hat aber eine Menge erzählt – aus der Zeit, in der er noch mit Schucht befreundet war. Er hat erzählt, dass der Schucht eine lange Liste aufgestellt hätte von allen Gegenständen, die er in Polen und sonstwo »organisiert« habe. Und der Schucht habe oft davon geredet, wie er in Polen die Juden ihr eigenes Grab hätte graben lassen und sie dann erschossen habe. Das hätte der Schucht immer sehr farbenreich geschildert, hat der kleine Mann mit dem Schneidersalon erzählt.

Alle diese Geschichten gehen geflüstert und unter vielen ängstlichen Vorbehalten bei uns im Haus herum. Man kann sie nicht alle glauben, nein, wahrhaftig nicht. Dieser Schucht ist, so vermuten wir, ein sadistischer Angeber. Aber jedenfalls geht man ihm besser aus dem Weg.

* * *

»Ich möchte aber wissen, was London heute Abend funkt«, Ursula dreht beharrlich weiter an unserem Volksempfänger. Mit dem kriegen wir London überhaupt nicht. Aber gleich neben dem Deutschlandsender liegt ein sonderbarer Störsender, der sein Programm mit dumpfen Trommelwirbeln einleitet. Er meldet sich mit »Hier spricht England«. Manchmal, nicht immer, kriegen wir ihn.

Ursula fummelt so lange, bis sie es geschafft hat.

»Stell bloß leise«, sage ich.

Ursula kriecht beinahe in den Apparat hinein, um etwas zu hören. Von Zeit zu Zeit gibt sie mir in Stichworten Bescheid:

»Wieder schwere Luftangriffe überall. Sabotageakte. Konferenz in Moskau.«

»Sagen sie was übers Kriegsende?«, flüstere ich.

Ursula winkt ab und horcht weiter.

Schließlich richtet sie sich seufzend auf:

»Auch nichts wirklich Neues«, sagt sie enttäuscht, »die wissen anscheinend auch nicht, wann der Krieg aus ist.«

Und sie schaltet den Deutschlandsender wieder ein.

* * *

Es regnet und schneit und unsere Wohnung trieft.

Mit ein paar feuchten Flecken an der Decke fing es an, das kannten wir ja schon. Dann war es nur noch eine triefende Fläche und wir mussten mitten in der Nacht Bett und Couch umstellen, weil wir sonst nasse Füße bekommen hätten. Eimer aufzustellen hat gar keinen Zweck, es schüttet wie mit Kannen durch die Decke.

In der Küche kann man sich nur noch mit Regenschirm und Gummischuhen aufhalten. Ich habe am Herd gestanden und Ursula hat einen Schirm über mich gehalten, so haben wir gekocht. Wir haben geflucht, aber auch gelacht.

Abends sitze ich an der Schreibmaschine und schreibe kleine Skizzen für die ›Pariser Zeitung‹, das deutschsprachige Besatzungsorgan. Ich habe mich in zwei Wolldecken eingewickelt und Gummischuhe an den Füßen, denn das Wasser steht im Zimmer.

Ursula liegt auf ihrem Bett und liest.

»Dass du hier schreiben kannst«, sagt sie und lässt ihr Buch für einen Augenblick sinken.

Aber ich kann es. Es gibt vieles, was man trotz allem kann. Man kann Skizzen schreiben in einer Wohnung, die keine Wohnung mehr ist, sondern eine Art Schwimmbassin. Und man kann sich noch verlieben.

Ursula ist der Beweis dafür.

Ihr Glück besteht darin, dreimal in der Woche zu Doktor Bergner zu gehen. Die Spritzen scheinen ihr zu helfen. Aber sie hofft, dass die Behandlung noch lange dauert, und so sieht es auch aus. In normalen Zeiten hätte sie jemanden wie diesen Doktor wahrscheinlich höchstens ganz nett gefunden. Aber es sind keine normalen Zeiten. Es sind Zeiten, in denen sich die zivilisierten und kultivierten Europäer Spreng- und Phosphorbomben auf die Köpfe werfen, Zeiten, in denen Menschen nachts aus ihren Wohnungen geholt werden und nie mehr zurückkommen. Es sind Zeiten, in denen man sich abends zu Bett legt mit dem Gedanken, dass man morgen vielleicht schon kein Bett mehr nötig hat, weil man auch dem »feindlichen Luftterror« zum Opfer fiel, wie die Zeitungen es nennen.

Solche Zeiten sind es und wir sind jung. Wir sind jung und immer noch davon überzeugt, dass es irgendwann besser und schöner wird für uns. Und außerdem sind wir der Ansicht, dass wir ein Recht darauf haben, uns jetzt, gerade jetzt, auf irgendeine Weise das Glück zu verschaffen, das uns – davon sind wir erst recht überzeugt – nach einem ungeschriebenen Gesetz des Schicksals zusteht. Jawohl, zusteht! Wir haben einen Anspruch auf dieses Glück, auf irgendeine Weise werden wir es erzwingen. Denn wir sind auch davon überzeugt, dass wir das Glück erzwingen können. *Wir* können das.

Ursula ist jedenfalls der Meinung, dass sie es kann. Sie sagt: »Ich werde ihn mir schon erobern. Er mag mich, er traut sich nur nicht.«

Ich sage: »So, wie du ihn schilderst, scheint er aber

doch nicht gerade schüchtern zu sein. Wenn er wirklich wollte, hätte er dir schon längst zeigen können, dass er dich mag, wie du das nennst.«

»Na gut. Dann bleibt es eben so, wie es ist. Das ist ja auch schön«, sagt Ursula trotzig. Und hat vor jedem Besuch das gleiche Lampenfieber. Sie zieht ihre besten Sachen an und schminkt sich sorgfältig. In einer Drogerie bei uns in der Nähe kann man noch französischen Puder und französische Lippenstifte kaufen – eine billige Sorte, aber besser als nichts. Wir malen uns beide mit Inbrunst an, schöne Kleider kann man ja schon längst nicht mehr kaufen, aber irgendwas braucht man, um sein Selbstbewusstsein etwas zu heben.

In der ›Erika‹ malen sich alle an, aber nur ich fiel dem Abteilungsleiter unangenehm auf, als er eines frühen Morgens unser Büro inspizierte. Er blieb vor meinem Schreibmaschinentisch stehen, glotzte mich streng an und bellte: »Was haben Sie denn mit Ihrem Mund gemacht?« Eine Antwort wartete er nicht ab – mir fiel auch keine ein –, sondern teilte mir und meinen Kolleginnen in scharfem Ton mit, dass unsere Jugend schmuck genug sei und wir es nicht nötig hätten, uns wie die Clowns zu schminken. Er regte sich richtig auf.

Selbstverständlich hielt sich keine von uns an sein kaum kaschiertes Schminkverbot, das wäre ja noch schöner! Am nächsten Morgen griffen wir noch kräftiger in die Farbtöpfe.

Doktor Bergner aber scheint es nicht zu stören, dass Ursula sich schminkt.

* * *

Es kommen Tage, an denen wir traurig sind, missgestimmt, trübsinnig, hoffnungslos. Ursula spielt auf unserem gottlob noch intakten Grammophon Zarah Leander (diese Sorte Schallplatten haben wir nicht in den Keller gebracht): »Ich steh im Regen und warte auf dich« und »Nur nicht aus Liebe weinen« und heult ein bisschen. Ich lese Gedichte von Binding: »Über mein Lächeln geneigt gehe ich durch sterbenden Park ...« und freunde mich mit dem Gedanken an, demnächst zu sterben. Wenn sich unsere Stimmung etwas aufhellt, geraten wir in Wut. Wir hassen Gott und die Welt und vor allem unsere Regierung, wir beschimpfen die Partei vom Zellenleiter aufwärts bis zu Adolf Hitler, diesen größenwahnsinnigen Vollblutidioten, und wir wünschen uns, dass eine Revolution »das ganze Gesindel zum Teufel schicken möge, wo es hingehört«. Wenn dabei eine von uns zu laut wird, erinnert sie die andere daran, dass nebenan die Schuchts wohnen. Und dann sagen wir beide: »Und diese Verbrecher erst recht!«

* * *

»Ich will Sie noch mal gründlich untersuchen«, hat Doktor Bergner zu Ursula gesagt, »bitte, machen Sie sich frei.«

Es ist kalt im Sprechzimmer. Die Fenster sind nur noch zum Teil verglast. Die Pappe hält nicht viel Kälte ab.

Ursula steht so gut wie nackend und friert. Sie zittert, vielleicht nicht nur vor Kälte.

Aber ihr Herz schlägt nicht schneller als sonst, sie ärgert sich darüber. Herzklopfen wäre ein schöner Anlass für irgendeine alberne Flachserei, die eigentlich viel mehr als eine Flachserei ist, nämlich die Wahrheit. Ursula könnte, hätte sie Herzklopfen, scheinbar scherzhaft sagen: »Kunststück, bei Ihnen habe ich eben immer Herzklopfen.« Aber sie hat kein Herzklopfen und so sagt sie auch nichts. Doktor Bergner untersucht sie schweigend.

Während sie sich hinter einem Wandschirm wieder anzieht, fängt Ursula plötzlich an zu reden. Sie weiß hinterher nicht, wie sie darauf kam, aber sie beginnt ein Gespräch über Liebe und Frauen, und Doktor Bergner geht tatsächlich darauf ein. Das heißt, er nennt die Liebe einen sentimentalen Unfug. Um einen biologischen Vorgang, der notwendig sei, sollte man doch bitte nicht immer so viel »Gesums« machen. Man sollte »es« tun – damit basta.

Wären Doktor Bergner und Ursula sich auf einer Gesellschaft zu einer Zeit begegnet, in der totale Kriege noch nicht erfunden waren, so hätte Ursula bei einer Debatte über dieses Thema vermutlich heftig widersprochen. Und hinterher bestimmt erklärt, Frauenärzte seien ekelhafte Zyniker.

Aber hier sind sie in einem kaum geheizten Sprechzimmer zusammen. Ursula ist Patientin und sie ist verliebt. Ursula ist nicht dumm genug, Doktor Bergner misszuverstehen. Ursula missversteht gar nichts, als sie jetzt hinter ihrem Wandschirm hervorkommt. Angezogen ist sie immer noch nicht ganz.

Sie weiß genau, so genau, als sei sie dabei gewesen,

dass auf dem weiß bezogenen Ruhebett nicht nur Patientinnen als Patientinnen gelegen haben. Und obwohl sie es weiß, zögert sie nicht eine Sekunde, es diesen Patientinnen gleichzutun.

* * *

»Jetzt haben wir ein Verhältnis, das kein Verhältnis ist«, sagt Ursula zu mir. »Das nächste Mal werden wir immer noch ›Sie‹ zueinander sagen – ich jedenfalls, ich kann ihn doch nicht einfach duzen! Aber kannst du dir vorstellen, dass ich trotzdem irgendwie glücklich bin? Dabei war *das* doch gar nicht unbedingt mein Ziel. Es hat sich so ergeben. Aber es kommt mir doch so vor, als sei es *mein* Sieg.«

»Wenn du es so siehst ...«, sage ich.

»Es läuft eben alles ein bisschen anders«, meint Ursula, »es ist eben Krieg.«

Sie hat mit Doktor Bergner nicht nur über Liebe gesprochen, irgendwann kamen sie auch auf Politik. Und Doktor Bergner hat gesagt, der Krieg sei ein Verbrechen und ein Wahnsinn und wir hätten ihn – zum Glück! – längst verloren.

»Er kann die Partei nicht leiden«, sagt Ursula, »vom Führer mal ganz zu schweigen, den hält er für total verrückt. Er mag sie alle nicht und hört die verbotenen Sender. Hoffentlich ist er vorsichtig mit seinen Äußerungen den Patienten gegenüber.«

* * *

Am 16. Februar 1944 wird das Haus von Herrn Sauermilch durch ein paar Phosphorkanister ausgeräuchert. Es brennt herunter bis in den Keller.

Im Keller hat Herr Sauermilch noch einen netten Weinvorrat. Dieser Vorrat setzt sich aus Beständen zusammen, die Herr Sauermilch dank einer Sondergenehmigung des Reichsmarschalls in Frankreich einkaufen durfte.

Herr Sauermilch tilgt einen großen Teil dieser Bestände in der Brandnacht. Er verteilt Flasche auf Flasche an all die Leute, die – aus guten und nicht ganz selbstlosen Gründen – zur Hilfe gekommen sind, und er trinkt den Rotwein selbst aus einem Bierglas. Während das Haus in Flammen aufgeht, sitzt Frau Helene in einem antiken Lehnstuhl auf der Straße und weint. Frau Liebeditz ist nicht mehr in Berlin, man hat sie aufs Land geschickt. Die Köchin Emma aber wedelt aufgeregt herum, sieht und hört alles und berichtet, dass dem Garduschke seine Wohnung schon am 30. Januar ausgebombt worden sei, und die sei auch *sehr* kostbar eingerichtet gewesen.

Während Herr Sauermilch Rotwein trinkt und die Nachbarn löschen und Frau Sauermilch im Lehnstuhl sitzt und weint, verschwindet auf ungeklärte Weise eine Kiste mit dreißig Flaschen Black & White aus dem Weinkeller. Herr Sauermilch wird nie von dieser Nacht sprechen, ohne zu erwähnen: »Und dann haben sie mir den schottischen Whisky gestohlen – eine ganze Kiste, ich hatte noch nicht *eine* Flasche davon getrunken!«

Frau Sauermilch aber sagt dann nur mit einem resignierenden Seufzer, dass in diesem Krieg eben niemand verschont bliebe.

Der Sauermilch'sche Betrieb geht trotzdem weiter. Auf dem Grundstück steht ein Portierhaus, das bezieht das Büro Sauermilch. Herr und Frau Sauermilch finden Unterschlupf bei Herrn Mohr, der früher Haushofmeister irgendeines Fürsten war und nun Hausintendant der Villa Goebbels ist. Ein umgänglicher Mann, der sich ein bisschen in die Buchhalterin von Herrn Sauermilch, ein molliges Mädchen in den Dreißigern, verliebt hat. Er wollte sie sogar mal zu sich einladen, als seine Frau verreist war. Aber die Buchhalterin sagt, mit verheirateten Männern ließe *sie* sich gar nicht erst ein. Und außerdem sei ihr Herr Mohr zu alt und zu fett.

Es ist auch hier, wie meistens, das »außerdem«, was bei der Sache entscheidend ist.

* * *

Der Monat März steht unter dem Zeichen der ersten schweren Tagesangriffe, unter dem Zeichen der stündlichen Radio-Luftlagemeldungen, die harmlos sind, wenn sie mit »Achtung!« und gefährlich, wenn sie mit »Achtung, Achtung!« beginnen. Berlin steht unter dem Zeichen des Ping-pong-ping vom Drahtfunk, den jetzt fast jeder hört. Berlin rennt mittags und abends und in der Nacht zu den Bunkern oder in den eigenen Keller und Berlin sagt: »So geht es nicht mehr lange weiter.« Aber es geht noch sehr lange weiter.

Die Soldatenzeitschrift ›Erika‹ ist eingestellt worden. Wir Mädchen aus der Korrespondenzabteilung werden im Verlag verstreut, ich lande im Zeitschriftensekretariat bei dem ältlichen Fräulein. Ich möchte weg aus dem ganzen Laden, ich will immer noch Journalistin werden. Aber wo sollte ich hin? Die ›Pariser Zeitung‹ druckt zwar meine kleinen Skizzen, aber sonst kann sie mich nicht brauchen. Ich muss weiter warten. Bis der Krieg aus ist.

Man hat den Luftschutzkeller der SS für die Bevölkerung gesperrt. Es heißt, dass da unten jetzt wichtige Akten gebunkert werden sollen.

Ursula ist empört: »Natürlich, ihre Drecksakten sind ihnen wichtiger als die Menschen!«

Seit sie ihr sonderbares »Verhältnis« mit Doktor Bergner hat, ist sie erheblich kritischer geworden. Aber eigentlich geht es uns allen so. Wir haben die Nase voll.

Zum Zoobunker, der am sichersten sein soll, ist es für uns zu weit. Also gehen wir wieder in unseren eigenen Hauskeller. Seit die Amerikaner am Tage mit ihren Bombern kommen, haben die Nachtangriffe der Engländer nachgelassen. Sie schicken uns »nur« noch schnelle Kampfflugzeuge, die Moskitos. Und wir alle sind der Ansicht, dass die »Schnellen« nicht ganz so gefährlich sind wie die »fliegenden Festungen«.

In diese Zeit fällt die Sache mit unserem Portier. Dieser Portier war bisher reklamiert. Eines Tages wird er ganz plötzlich eingezogen. Und es wird geflüstert, daran sei Herr Kluge schuld.

Herr Kluge hat etwas mit Gestapo und Parteikanzlei zu tun und ist sehr gefürchtet im Haus, fast so wie der Schucht. Er trägt eine funkelnde Nickelbrille und sieht aus wie ein intelligenter Bruder von Himmler. Er bespitzelt das ganze Haus, flüstern die Leute. Und dem Portier hat er eins auswischen wollen, weil er herausbekommen hat, dass der manchmal den Bärs gefällig ist. Die

Bärs sind die, die nicht mit uns Ariern im selben Kellerraum sitzen durften. Er ist jüdisch, sie nicht, und sie hat aus ihrer ersten Ehe eine nichtjüdische Tochter. Nun braucht ihr Mann keinen gelben Stern zu tragen, aber er muss auf dem Bau arbeiten. Frau Bär ist eine dicke, ältere, freundliche Frau, sie guckt immer sehr ängstlich und wir wissen, dass sie sich vor Herrn Kluge fürchtet. Herr Kluge kann die Bärs nämlich nicht leiden, weil er der Ansicht ist, dass die Juden unser Unglück sind, und folglich ist auch Herr Bär, der sehr harmlos und schüchtern aussieht, unser Unglück. Frau Bär hat einen Neffen, der SS-Mann ist, und der hat seine Verwandten manchmal besucht. Das hat Herr Kluge erfahren und da hat er Mitteilung an den Kommandeur von Bärs Neffen gemacht und gesagt, es sei eine Schande, dass ein SS-Mann mit Juden verkehre. Der Neffe ist in eine Strafkompanie an die Ostfront gekommen. Seitdem haben die Bärs vor niemandem im Hause solche Furcht wie vor Herrn Kluge, nicht mal vor dem Schucht. Und dass man den Portier von heute auf morgen eingezogen hat, das soll nun auch wieder auf Veranlassung von Herrn Kluge geschehen sein. Die Portiersfrau hat sehr geweint, aber beschwert hat sie sich lieber nicht. Denn man muss sehr vorsichtig sein in Bezug auf Herrn Kluge.

* * *

Um 21 Uhr war das »Reichsgebiet« noch »frei von feindlichen Flugzeugen«, wie die Luftlagemeldung bekannt gab. Um 21 Uhr 08 wird das Sinfoniekonzert unter Karajan im Radio plötzlich abgebrochen.

»Eine Zeitansage: 21 Uhr 08.« Zeitansagen bedeuten Luftgefahr.

»Achtung, Achtung! Schwacher Verband schneller Kampfflugzeuge über der Nordsee mit Ostkurs.«

Ostkurs – das sind wir.

Wir machen uns fertig. Man tut gut daran, sich fertig zu machen, wenn die schnellen Kampfflugzeuge Ostkurs eingeschlagen haben.

Um 21 Uhr 15 heißt es: »Der über der Nordsee gemeldete Verband schneller Kampfflugzeuge im Anflug auf Hannover–Braunschweig.«

Wir schalten auf Drahtfunk. Da ist auch schon die Tonleiter Ping–pong–ping ...

Um 21 Uhr 30 gibt es Fliegeralarm. Nicht bloß Luftwarnung. Luftwarnung ist seit einiger Zeit eingeführt und wird gegeben, wenn nur wenige Flugzeuge gemeldet sind. Doch 80 bis 100 Flugzeuge sind nicht wenig. Selbst, wenn es früher ein paar Tausend gewesen sind.

Im Luftschutzkeller erzählt Frau Nick von einer Freundin, die auf so schreckliche Weise bei einem Fliegerangriff ums Leben gekommen sei. Sie erzählt es sehr anschaulich und fügt noch hinzu, es sei ein wirklich solider Keller gewesen, nicht so einer wie unserer ...

Mir wird das schließlich zu viel.

»Hören Sie doch schon auf damit«, sage ich, »denken Sie, wir wollten das jetzt wissen?«

Frau Nick lächelt dümmlich und meint, es müsste hier ja nichts passieren.

Dann fängt die Flak an zu schießen.

* * *

Es hat ein paarmal nicht allzu weit von uns entfernt mächtig gebumst. Am Himmel ist ein roter Feuerschein.

Kaum sind wir wieder in unserer Wohnung, wählt Ursula Doktor Bergners Telefonnummer. Sie ruft ihn nach jedem Alarm an – das heißt, sie legt den Hörer sofort wieder auf, wenn sich jemand gemeldet hat. Meistens ist das Frau Schott, die Assistentin, auch spät in der Nacht. Aber Ursula ruft unerschütterlich an, obwohl es verboten ist, nach Luftangriffen zu telefonieren und schwere Strafen darauf stehen.

Auch heute meldet sich wieder Frau Schott.

Ursula legt den Hörer beruhigt auf. Morgen hat sie wieder einen Termin bei Doktor Bergner.

Aber dann …

An der Tür von Doktor Bergners Praxis hängt ein flüchtig geschriebenes Schild: »Krankheitshalber geschlossen«. Ursula klingelt trotzdem. Es dauert lange, bis geöffnet wird. Frau Schott sieht blass aus und Ursula bildet sich ein, dass sie verweinte Augen hat. Die Assistentin sagt mit abweisender Stimme:

»Herr Doktor kann heute nicht behandeln. Haben Sie das Schild nicht gesehen?«

»Ist er krank?«, fragt Ursula.

Frau Schott sagt mit derselben kalten, tonlosen Stimme: »Er ist gestern bei dem Angriff verunglückt.«

»Aber hier ist doch alles in Ordnung …«

»Doktor Bergner war gestern Abend nicht hier. Entschuldigen Sie, ich habe zu tun.«

Die Tür schließt sich wieder vor Ursula.

* * *

Über die Frauenklinik, in die Doktor Bergner in seiner Eigenschaft als Frauenarzt Patientinnen einweist, erfährt Ursula nach hartnäckigem Forschen, in welchem Krankenhaus er selbst liegt. Sie erfährt auch, dass es nichts Lebensgefährliches ist und dass die Patienten bei Alarm in einen Tiefbunker transportiert werden. Nun ist sie einigermaßen beruhigt.

In Frau Sauermilchs Stammblumenhandlung kauft sie Blumen für Doktor Bergner – wahrscheinlich zu einem Wahnsinnspreis. Die will sie selbst bei der Stationsschwester abgeben. Nein, persönlich besuchen will sie ihn auf keinen Fall. Er würde das aufdringlich finden, sagt sie.

Am Sonntagvormittag, nach der Zehn-Uhr-Luftlagemeldung, zieht Ursula mit ihren Blumen los.

Auf der Treppe begegnet sie Frau Riebel, der Blockwartin.

Frau Riebel schmunzelt und fragt:

»Na, zum Geburtstag?«

»So ähnlich«, sagt Ursula.

Sie will weitergehen, aber Frau Riebel hält sie am Arm fest und flüstert: »Sie kannten doch auch die Frau Sedlazek aus Nummer 210? Wissen Sie, die kleine Blondine, die manchmal bei Treus im Keller war ...«

Ursula hat kein besonderes Interesse an Frau Sedlazek und fragt widerwillig: »Was ist denn mit der?«

»Die war doch mit einem Juden verheiratet ... und der ist letzte Nacht abgeholt worden«, flüstert Frau Riebel, »und heut Morgen ist so ein schrecklicher Gasgeruch im Haus und die Nachbarn brechen die Tür auf ... und da hat sie sich mit Gas vergiftet!«

»Schrecklich«, sagt Ursula. Sie sieht auf die Blumen in ihrer Hand und wiederholt: »Schrecklich!«

Frau Riebel sagt mit gesenkter Stimme: »Aber erzählen Sie niemandem, dass Sie es von mir wissen. Es soll ja nicht so publik werden. Wir müssen vorsichtig sein, wo mein Mann in der Partei ist.«

Ursula erinnert sich nur schwach an Frau Sedlazek, den Mann hat sie nie gesehen, Frau Sedlazek kam immer allein in den Keller. Diese ganze Judenverfolgung ist schrecklich, denkt Ursula. Sie wird nie vergessen, wie sie die ersten gelben Sterne im Straßenbild von Berlin sah. Sie hat weggeguckt, es war ihr peinlich. Ja, sie hat sich geschämt.

Aber musste sich Frau Sedlazek gleich das Leben nehmen? Natürlich, es ist schlimm genug, dass der Mann mitten in der Nacht abgeholt wird. Aber was werden sie mit ihm machen? Die Juden sollen ja alle irgendwo nach dem Generalgouvernement und ins Protektorat gebracht werden, in Arbeitslager, wird erzählt. Vielleicht hat er es da gar nicht so schlecht. Vielleicht war es sehr voreilig von der Frau, sich umzubringen. Eines Tages wird er ja wohl zurückkommen, und dann?

Denn das, was manche Leute sagen, ist ja todsicher nur so eine Feindparole: dass man die Juden nämlich alle auf irgendeine geheimnisvolle Weise umbringt.

Sie mögen ja mancherlei auf dem Kerbholz haben, die Nazis, denkt Ursula, aber so etwas tun sie nun doch nicht.

Die Geschichte von den Sedlazeks verfolgt Ursula bis zur Klinik, dann denkt sie wieder an ganz anderes. Die Stationsschwester bietet ihr an, Doktor Bergner die Blumen selbst zu bringen, es sei gerade Besuchszeit. Eine Dame geht an Ursula vorbei, sehr schnell, aber Ursula schwört darauf, dass es Frau Schott war.

Nein, sie habe leider keine Zeit, die Schwester möge ihr den Strauß doch bitte abnehmen, sagt Ursula hastig.

Auf der Straße ist ihr dann eingefallen, dass sie ja nicht einmal einen Gruß, einen Brief dabeihatte. Er weiß also gar nicht, von wem die Blumen sind.

Aber vielleicht ahnt er etwas, denkt Ursula.

* * *

Am Sonntagnachmittag kommt Horst.

Er bringt einen Kameraden mit, einen Oberleutnant, von dem er sagt, er sei ein netter, lustiger Kerl. Er ist auch nett und lustig. Er setzt sich ans Klavier und spielt einen Schlager nach dem anderen. Dann trinken wir zusammen Muckefuck und sprechen über ...

»Wann ist der Krieg aus«, sagt Ursula, wie üblich ohne Fragezeichen.

»Wenn wir ihn gewonnen haben«, antwortet Horst.

»Ach, hör auf mit diesen Goebbelsphrasen«, sagt Ursula.

Der Oberleutnant sieht sie aufmerksam an. Er lächelt, und das macht mich stutzig.

»Was haben Sie denn gegen den guten Doktor?«, fragt der Oberleutnant. Er sagt es in einem ganz ähnlichen Ton wie der Schauspieler Eisholm, wenn er von »Herrn Doktor Goebbels« sprach.

Horst wirft schnell ein: »Sein letzter Aufsatz im ›Reich‹ war doch wieder prima!«

»Sehr prima«, sagt Ursula, »wirklich kolossal prima. Aber das ist auch alles, was prima ist. Seit Monaten dieses alberne Gewäsch von der Vergeltung und den geheimen Waffen! Alles Schwindel! Nur Gerede! Klar, was sie im ›Reich‹ schreiben und im Radio erzählen, hört sich manchmal ganz ermutigend an. Aber wie sieht es denn in Wirklichkeit aus, bitte?«

»Sei nicht so ungeduldig«, sagt Horst.

Ursula bricht los: »Hör bloß auf! Ich bin lange genug geduldig gewesen, wir alle hier! Wir haben in unseren Todeskellern gesessen und gezittert, und die hohen Herren haben in ihren Luxusbunkern einen draufgemacht.«

»Na, na«, sagt Horst.

»Ist doch wahr! Uns soll man vorwerfen, wir hätten keine Geduld! Kein Lamm lässt sich auf die Dauer gefallen, was wir uns bieten lassen müssen! Phrasen, nur Phrasen! Und Rückzüge, angeblich strategisch planmäßig! Alles planmäßig, natürlich! Wir werden diesen ganzen Mistkrieg planmäßig verlieren, so sieht's doch aus!«

Wir sind erstarrt.

Horst sagt kopfschüttelnd: »Was ist mit dir los, Ursula? So kenn ich dich gar nicht!«

Der Oberleutnant meint: »Ist doch kein Wunder! Woher soll denn der Optimismus kommen?«

Horst überhört das. Er sagt zu Ursula: »Lass dich nicht verrückt machen, von wem auch immer. Jetzt muss man den Nacken steifhalten ...«

»... und die Zähne zusammenbeißen und die Klappe halten und mit wütendem Fanatismus und so weiter und so weiter. Kenn ich alles! Krieg ich täglich zu hören, stündlich! Hört bloß auf damit! Macht das mal so mit wie wir.«

»Wo ist deine beneidenswerte Ruhe geblieben?«, fragt Horst spöttisch.

Der Oberleutnant sagt leise: »Sie hat recht, Horst.«

»Nein, hat sie nicht«, sagt Horst. »Wer im Fronteinsatz gestanden hat, macht noch mehr durch und ...«

»Fronteinsatz!«, ruft Ursula, »wisst ihr, was mir Soldaten gesagt haben, die aus dem größten Dreck ganz vorn von der Ostfront gekommen sind und hier die Novemberangriffe miterlebt haben? Bloß wieder nach draußen, haben die gesagt, an der Front kann man sich doch wenigstens verteidigen. Jawohl, das haben sie gesagt!«

Schweigen. Schließlich Horst:

»Es hilft aber doch alles nichts. Wir müssen da durch.«

»Glaubst du denn, dass wir durchkommen?«, frage ich.

»Der Führer hat es bisher immer geschafft«, sagt Horst.

»Der Führer ist auch nur ein Mensch.«

»Aber ein genialer.«

Schweigen. Es widerspricht niemand, aber es kommt auch keine Zustimmung. Von Ursula kommt etwas, das wie heiseres Lachen oder Husten klingt. Sie räuspert sich. Der Oberleutnant lächelt wieder, genauso eigentümlich spöttisch wie vorhin.

Dann durchbricht er als Erster die fast schon peinliche Stille: »Na, dann wollen wir uns mal nicht den netten Nachmittag verderben. Ich mach noch 'n bisschen Musik. Was wollt ihr denn hören, Mädels?«

* * *

Herr Sauermilch ist mit seinem Notquartier in der Villa Goebbels sehr zufrieden. Zumal es dort einen guten Tiefbunker gibt. Und Herr Sauermilch sagt, dass der Goebbels ein »sehr liebenswürdiger Mann« und sehr »chevaleresk« sei. Und der Bunker sei vorzüglich. Er muss wohl wirklich vorzüglich sein, denn wenn jetzt am Tage Alarmgefahr droht, eilen Herr und Frau Sauermilch, die sich oberhalb des Notbüros provisorisch eingerichtet haben, rechtzeitig zur nahen U-Bahn und fahren in Richtung Goebbels-Bunker. Nicht ohne Ursula vorher einzuschärfen: »Gehen Sie aber bitte nicht weg, bevor es tutet.«

Zum nächsten öffentlichen Luftschutzkeller sind es nur wenige Minuten. Ursula meint, es sei doch sehr großzügig von den Sauermilchs, dass sie ihr nicht auftragen zu bleiben, bis die Bomben fallen.

Aber nein, so sind die Sauermilchs ja nun auch nicht. Sie sind zwar ein bisschen sonderbar, aber *so* sind sie nicht. Vor kurzem hat Ursula eine Flasche Rotwein geschenkt bekommen von ihnen. Sauermilch hatte wieder eine Sendung aus Paris erhalten. Nicht nur Wein, sondern auch Obst, Apfelsinen und sogar Ananas, teils auf Sondergenehmigung des Reichsmarschalls, teils Dankesgaben der Herren Kunsthändler Herz und Löwe. Leider war es der Rotwein einer falschen, minderen Sorte. Herr Sauermilch schrieb wütende Briefe nach

Paris, immer über die Feldpostnummer 42300 (Deutsche Botschaft) und beschwerte sich über den Wein. Dann erzählte er jedem, wie man ihn mit diesem schlechten Wein betrogen habe. Ursula war dabei, als er zu seiner Frau sagte: »Nein, Lenchen, der Wein ist so schlecht, den kann man nicht mal verschenken.«

Am nächsten Tag kriegte Ursula dann eine Flasche.

Wir haben uns einen Punsch damit gemacht. Er hat uns sehr gut geschmeckt.

* * *

Herr Sauermilch versteht sich nicht nur mit Goebbels so gut und mit Göring, dem Reichsmarschall (in der Umgangssprache kurz »Herr Meyer« genannt, während Hitler »der Chef« ist und der Herr der Parteikanzlei, Martin Bormann, nur mit »MB« bezeichnet wird; Ursula nennt es den »Verbrecherjargon«). Herr Sauermilch hat auch schon mit Himmler gesprochen. Jawohl, Herr Sauermilch hat Ursula erzählt, der Himmler sei ein hübscher Mann. Herr Sauermilch hat den Himmler bei einem Empfang in der Reichskanzlei gesehen, ein Führerempfang, alle wichtigen Leute waren da, Hitler, Goebbels, Göring, Bormann und ein paar Generäle. Und Herr Sauermilch. Plötzlich ist der Führer auf ihn losgestürzt und hat ihn gefragt, wie es denn nun eigentlich mit dem Gemäldezyklus von Schwind stünde und wann er das Werk endlich bekäme für das geplante Museum in Linz. Der Herr Sauermilch hat sich wie ein Aal gewunden und gemeint: »Tja, mein Führer, der Besitzer will nicht so recht daran ...« In diesem Moment ist Himmler hinzugetreten und hat ganz harmlos gefragt: »Kann *ich* da vielleicht irgendwie helfen?« Und da hat Herr Sauermilch beide Hände vors Gesicht geschlagen und gerufen: »Um Gottes willen, um Gottes willen!« Die Herren haben sich sehr darüber amüsiert, hat Herr Sauermilch erzählt, die ganze Reichskanzlei hätte davon gesprochen und der Himmler, der hübsche Mann, habe am herzlichsten gelacht.

Es geschehen seltsame Dinge.

Im Mai 1944 lerne ich den Journalisten Wolfgang Roemer kennen. Er ist dreiundvierzig Jahre alt, klein, blond, lebhaft. Ich glaube, ich habe mich in seine schönen Hände verliebt. Er kann sehr charmant sein und mitunter sogar witzig und geistreich. Er hat Interesse an klassischer Musik, Literatur und Theater. Was mir an ihm aber besonders gefällt, ist die Tatsache, dass er nicht verheiratet oder sonstwie gebunden ist. Und bisher waren leider alle Männer, für die ich mich interessierte, hartnäckig verheiratet. Was sie wollten, war höchstens mal ein unverbindliches Abenteuer, aber das genügte mir nicht.

Bei Wolfgang war alles anders.

Vielleicht war es das, was mir gefiel.

Und vielleicht war es eben auch, weil Krieg war.

Wir treffen uns einige Male, essen irgendwo am Kurfürstendamm und gehen ins Kino. Bei einem solchen Kinobesuch geschieht es, dass Wolfgang Roemer plötzlich, während auf der Leinwand die neueste Wochenschau mit Berichten von der Ostfront abrollt, meine Hand ergreift und so glühend küsst, dass ich diesen Handkuss als das nehme, was er wohl tatsächlich sein soll: eine Liebeserklärung.

Ursula macht kein Hehl daraus, dass sie Wolfgang nicht besonders mag. Und von seinem Äußeren ist sie enttäuscht.

»Er ist kleiner als du. Und so blond! Wie kann man sich in einen blonden Mann verlieben? Du wirst sehen, er wird schnell fett werden. Und ich glaube, er ist ziemlich egoistisch. Fällt dir nicht auf, dass er immer nur von sich redet? Was anderes interessiert ihn nicht.«

Trotzdem gelingt es Wolfgang allmählich, sich ein bisschen bei Ursula einzuschmeicheln. Er macht das ganz geschickt, bringt Blumen mit, wenn er uns besucht, Bohnenkaffee und mal eine Flasche Likör, und er macht Ursula und mir viele kleine alberne Komplimente, die gerade wegen ihrer Albernheit Eindruck auf uns machen. Er gibt sich viel Mühe mit uns.

Wir haben den Plan gefasst, bald zu heiraten. Wolfgang hat die Absicht geäußert, sich wieder als Kriegsberichter an die Front zu melden. Er war schon einmal im Osten, als Kriegsberichterstatter für den RAD, den Reichsarbeitsdienst. Dann wurde er krank und kam zurück nach Berlin. Über seine augenblickliche Tätigkeit ist nicht viel von ihm zu erfahren. Er erzählt etwas von Verlagerungsaufträgen, die er vom Propagandaministerium bekommen hat, aber was da verlagert wird, erfahre ich nicht. Den Krieg und seinen Ausgang beurteilt er optimistisch: »Der Führer weiß schon, was er tut.« Und er sagt: »Wir müssen den Krieg einfach gewinnen. Die Rückzüge im Osten sind nur strategische Schachzüge. Was sollen wir auch mit diesen Riesengebieten?«

* * *

Wolfgang hat mir von seinem Freund, dem Leiter des Landesverbandes Berlin der Reichspressekammer, Herrn Kampers, erzählt. Ja, mit dem Kampers sei er sehr befreundet. Er würde mich ihm gern mal vorstellen. Vielleicht könnte er etwas für mich tun? Ich wolle doch Schriftleiterin werden?

Eines Nachmittags besuchen wir Herrn Kampers.

Er ist ein Mann in den Dreißigern, sieht nicht schlecht aus und behandelt Wolfgang mit einer herablassend-ironischen Leutseligkeit, die mich etwas überrascht. Wie ein Freund redet der aber nicht, denke ich. Mir stellt er ein paar höflich-uninteressierte Fragen, bis zur Schriftleiterin sei es ja noch ein langer Weg, Aufnahmeprüfung, Reichspresseschule, Volontariat – aber ich sei ja noch sehr jung ...

Während Herr Kampers gönnerhaft »mein lieber Roemer« sagt, kommt in jedem Satz von Wolfgang mindestens einmal »Herr Generalarbeitsführer« vor. Diesen Titel trägt Herr Kampers und es ist ein langes, schwieriges Wort. Ich muss mir jedesmal ein ganz unpassendes Grinsen verkneifen, wenn Wolfgang es ausspricht.

Herr Generalarbeitsführer Kampers sagt: »Tja, mein lieber Roemer, nun halten Sie sich mal 'n bisschen ran, in Ihrem Alter noch nicht verheiratet, keine Kinder ... und Ihre hübsche Braut will ja wohl partout Schriftleiterin werden und ganz große Berufskarriere machen.« Und dabei grinst er mich an.

Er flirtet mit mir, der Herr Generalarbeitsführer, während er sich leutselig-herablassend mit Wolfgang unterhält, schielt er zu mir herüber und bemüht sich, meinen Blick aufzufangen. Anscheinend erwartet er, dass ich sein gar nicht so heimliches Grinsen beantworte, aber darauf verzichte ich. Wolfgang scheint nichts zu merken, er sagt »Herr Generalarbeitsführer« und hat eine hektische Röte im Gesicht.

Schließlich unterbreitet Wolfgang Herrn Kampers noch seinen Plan, sich wieder an die Front zu melden. Als Kriegsberichter in gehobener Position, wie er das nennt. Unter »gehobener Position« versteht er den Rang eines Oberstabsintendanten. Ich habe noch nie etwas von einem Oberstabsintendanten gehört, aber Wolfgang lässt sich das Wort wie Butter auf der Zunge zergehen und ich schließe daraus, dass ein Oberstabsintendant etwas ziemlich Bedeutendes sein muss.

Eigentlich hätte der Generalarbeitsführer Wolfgang jetzt anerkennend auf die Schulter klopfen und etwas Lobendes sagen müssen. Ich meine, wo Wolfgang freiwillig wieder an die Front gehen will ... Stattdessen lächelt Herr Kampers spöttisch und sagt:

»Sososo, als Oberstabsintendant. Na ja, mein lieber Roemer, dann werden Sie ja auch eine wunderschöne Uniform kriegen. Ich glaube, eine graublaue, die Farbe wird Ihnen bestimmt stehen. Und einen Degen kriegen Sie womöglich auch. Ja ja, mein lieber Roemer, so eine schöne Uniform imponiert den Damen«, und dabei zwinkert er mir nun ganz offen grinsend zu.

Es ist eigentlich eine Frechheit von diesem Kampers, derartig mit mir zu flirten, während er Wolfgang auf so eine billige Art und Weise durch den Kakao zieht.

Wolfgang sagt mit schwachem Lächeln: »Ich merke schon, dass Sie sich über mich lustig machen, Herr Generalarbeitsführer. Aber schließlich ... Sie kennen mich ja lange genug, um zu wissen, dass es nicht die Uniform ist, wegen der ich …«

»Nicht *nur,* mein lieber Roemer, nicht *nur*«, sagt Kampers und lächelt zurück. Es ist ein Haifischlächeln und mir ist plötzlich sehr unwohl bei dieser seltsamen Besprechung. Und außerdem kommt mir das alles so lächerlich vor.

Schließlich höre ich gar nicht mehr auf die Unterhaltung der beiden, in die ich ja sowieso nicht einbezogen werde. Nur gelegentlich fange ich auf: »… mein lieber Roemer …«

»… Herr Generalarbeitsführer …«

Als das Gespräch plötzlich auf die Akten kommt, horche ich auf. Einen Teil dieser Aktengeschichte kenne ich, Wolfgang hat mir davon erzählt. Er hat mit der Ortsgruppe der Partei – natürlich ist er in der Partei – Krach gehabt. Es ist ein Verfahren gegen ihn gelaufen. Man hat ihn sogar ausschließen wollen. Nun sollen diese Akten aber bei einem Luftangriff verbrannt sein. Gottlob, sagt Wolfgang, denn die Sache sei ja irgendwie unangenehm gewesen, obwohl es sich um nichts Politisches gehandelt habe, sondern um private Schikane von jemandem, der Wolfgang nicht leiden konnte.

Heute Nachmittag lässt der Generalarbeitsführer durchblicken, dass diese Akten wieder aufgetaucht seien. Er spricht mit seinem unverschämt-spöttischen Lächeln darüber und weidet sich offensichtlich an Wolfgangs Unbehagen.

»Ich glaube, Herr Generalarbeitsführer, diese Sache ist doch wohl als erledigt zu betrachten, und außerdem bin ich sicher, dass die Akten gar nicht mehr existieren.«

»Ja, wenn Sie so sicher sind, mein lieber Roemer«, sagt Herr Kampers und lächelt.

Der Fall bleibt ungeklärt. Ungeklärt auch, was diese Unterhaltung überhaupt sollte. Klar ist nur, dass Wolfgang vor Wut zittert, als wir uns endlich verabschiedet und Herrn Kampers Büro verlassen haben.

An diesem Abend sitzen Wolfgang und ich in einem kleinen Lokal am Wittenbergplatz, einem der wenigen, die überhaupt noch existieren in dieser zerbombten Gegend. Der Nachmittag bei Herrn Kampers, für den ich mir extra im Büro freigenommen hatte, wirkt negativ nach. Auf einmal fängt Wolfgang an, davon zu sprechen, ob unsere geplante Heirat nicht vielleicht ein Fehler sei. Er wäre ein Mann, der alles allein durchkämpfen müsse, sagt er. Ich sei jung und hätte große berufliche Pläne …

Natürlich versuche ich, ihm seine Bedenken auszureden.

Und dann sagt er plötzlich, dieser Kampers sei ein Flegel und habe sich unglaublich benommen, aber er werde ihm das schon irgendwann heimzahlen. Und er kommt wieder auf unsere Heirat zu sprechen und sagt seufzend, es sei doch ein rechtes Risiko.

Dann gehen wir eines Tages doch zum Standesamt, um das Aufgebot zu bestellen. Aber das geht nicht so einfach, so mir nichts, dir nichts kann man heutzutage nicht heiraten. Wir brauchen alle möglichen Ausweise, Ahnenpässe, Urkunden, was weiß ich, und außerdem eine Unbedenklichkeitsbescheinigung vom Gesundheitsamt. Man muss darauf eidesstattlich versichern, dass in der Familie keine Fälle von Irrsinn, Trunksucht,

Epilepsie und ähnlichen Krankheiten vorgekommen sind. Erbkrankheiten.

Wolfgang liest das Formular aufmerksam durch und sagt: »Das hab ich dir doch gesagt, dass meine Mutter im Irrenhaus gestorben ist?«

* * *

Wolfgangs Mutter ist also im Irrenhaus gestorben. Sie hatte dreizehn Kinder, von denen die Hälfte noch am Leben ist. Wolfgangs Geschwister sind nicht alle gesund. Ein Bruder ist Epileptiker und als solcher aus der Wehrmacht entlassen. Eine Schwester ist geistig verwirrt, eine andere zeigt Symptome von Schizophrenie.

Wolfgang füllt das Formular vom Gesundheitsamt aus und sagt: »Besser, ich gebe das nicht an. Wir könnten Schwierigkeiten bekommen.«

Am 10. August wollen wir heiraten. Zwei Tage vor meinem und Ursulas Geburtstag. Aber aufgeboten sind wir noch immer nicht. Es fehlen Papiere, die ausgelagert sind und erst geschickt werden müssen. Papiere von Wolfgang.

Mittlerweile hat die Invasion eingesetzt und die Berichte über den V 1-Beschuss füllen die Spalten der Tagespresse. Hans Fritzsche hat im Rundfunk gesagt: »T 1 ist nur die erste Umdrehung einer Schraube, und wir werden nicht zögern, weiter zuzudrehen.«

»Na endlich«, sagt Ursula, »jetzt geht es also los. Man soll wirklich nicht immer auf die Pessimisten hören.«

* * *

Am 20. Juli 1944 sitzen Wolfgang und ich nachmittags in einem Restaurant an der Tauentzienstraße. Ich bin früher aus dem Büro gekommen.

Seit ein paar Tagen ist die Stimmung zwischen uns leicht gereizt. Wir wissen beide nicht, woran es liegt, aber es ist so. Radio Berlin sendet Unterhaltungsmusik, das Lokal ist zu dieser Stunde nicht sehr voll. Wir blättern in Zeitungen und haben uns nicht sonderlich viel zu sagen.

Auf einmal bricht die Musik ab. Wir schrecken zusammen – Luftgefahr? Aber was kommt, ist beinahe noch aufregender als eine Luftlagemeldung. Eine militärisch-scharfe Männerstimme teilt uns mit:

»Wie wir soeben aus dem Führerhauptquartier erfahren, ist heute ein Bombenattentat auf den Führer verübt worden. Der Führer lebt.«

Wolfgang und ich sehen uns an. Ich sage:

»Das ist doch nicht möglich!«

Die Menschen um uns herum essen und trinken seelenruhig weiter. So, als ob nichts geschehen wäre. Haben sie die Meldung denn nicht gehört? Ihre Gesichter sind unbewegt.

Wir brechen auf.

Wolfgang begleitet mich nach Hause, wir gehen zu Fuß, die Sonne scheint, es ist ein schöner Tag.

»Das hat uns gerade noch gefehlt«, sagt Wolfgang und meint das Attentat, »ich bin nur neugierig, wer dahintersteckt.«

»Wahrscheinlich der Secret Service«, sage ich, »wie damals in München. Zu welchen Mitteln die da drüben greifen ...«

»Der beste Beweis, dass ihnen das Wasser bis zum Hals steht«, bemerkt Wolfgang, »aber ich vermute fast, es werden die Juden sein. Na, dann können sich die paar, die hier noch im Lande sind, ja auf einiges gefasst machen.«

* * *

Das Attentat auf den Führer ist nicht unser einziges Thema. Plötzlich kommt Wolfgang wieder auf unsere Heirat zu sprechen. Er äußert abermals Bedenken und fragt mich, ob es nicht vielleicht besser sei, die Hochzeit zu verschieben.

Ich sage: »Mein letztes Wort, Wolfgang: entweder wir heiraten am 10. August oder nie. Du hast diesen Termin selbst gewollt, erinnere dich bitte. Es gibt keinen Grund, ihn zu verschieben.«

Dann staune ich über mich selbst. Ja, ich bin erschrocken. Was ist denn in mich gefahren? Was wäre so schlimm daran, die Hochzeit zu verschieben?

Wolfgang beeilt sich, mir zu versichern, dass es ja nur ein Vorschlag gewesen sei. Weil doch alles so primitiv wäre – seine eigene Wohnung ist ausgebombt, wir müssten in Köpenick im winzigen Häuschen seiner Schwester wohnen, wo er jetzt lebt.

»Das wissen wir doch nicht erst seit gestern«, sage ich, »und bisher hat es dich nicht gestört. Und mich stört es auch nicht.«

Wolfgang schweigt.

* * *

Nachts wird im Radio eine weitere Meldung zu dem Führerattentat durchgegeben. Was wir da erfahren, haben wir nicht erwartet. Der englische Geheimdienst und die Juden haben damit nichts zu tun.

»Wie ist das nur möglich«, sagt Ursula, und dann: »Jetzt mal hören, was unser Störsender dazu meldet.«

Aber den kriegen wir in dieser Nacht nicht.

* * *

Wolfgang sitzt bei uns und erzählt von seiner Familie. Von dem epileptischen Bruder, von den gestörten Schwestern, von der irrsinnigen Mutter. Und auf einmal sagt Wolfgang:

»Ja, und dann wollen wir Kinder haben ...«

Ich weiß nicht, was ich dazu sagen soll. An Kinder habe ich noch gar nicht gedacht.

»Erbkranke Kinder«, sagt Wolfgang.

Wir schlafen diese Nacht nicht, Ursula und ich. Wir liegen wach und reden. Über das, was Wolfgang uns da erzählt hat. Erbkrank! Ein fürchterliches Wort. Man hat uns oft genug in Wort und Bild gezeigt, welche schrecklichen Folgen Erbkrankheiten haben, wie wichtig es ist, »Rassenhygiene« zu betreiben und wie verantwortungslos, ja, verbrecherisch Menschen handeln, die die im Dritten Reich eingeführten Gesetze nicht befolgen.

Ich frage Ursula: »Würdest du ihn heiraten, Ursula? Unter diesen Umständen?«

»Ich weiß nicht«, sie weicht aus, »aber du könntest es. Auf dem Fragebogen hat er geschwindelt, ihr hättet freie Bahn ...«

Wolfgang war schon einmal verheiratet, immerhin sechs Jahre. Er ist schon lange geschieden. Aus dieser Ehe gibt es keine Kinder. Seine Frau wollte keine, hat Wolfgang mir erzählt.

»Wahrscheinlich wollten sie beide keine Kinder, weil seine Familie so ... so belastet ist«, sage ich.

»Ihr könntet ja auch auf Kinder verzichten«, sagt Ursula.

»Nein«, sage ich, »wenn ich heirate, will ich auch Kinder.« Ursula seufzt.

»Dann solltest du dir alles noch einmal gut überlegen«, meint sie. Und fügt hinzu: »Nicht nur wegen dieser Erbkrankheitsgeschichte.«

Das tue ich.

Das Ergebnis ist niederschmetternd.

* * *

Ein paar Tage bin ich in Tränen aufgelöst. Wolfgang und ich sehen uns zu allem Überfluss noch den Film ›Träumerei‹ an, in dem es um das unglückliche Schicksal von Robert Schumann geht. Hilde Krahl ist eine wunderbar leidende Clara und ich bin halb blind vor Tränen, als wir aus dem Kino kommen.

Ursula sagt, es sei das Beste so.

Aber das Beste ist nicht immer das Leichteste. Nachdem ich meinen Entschluss gefasst habe, versucht Wolfgang, alles herunterzuspielen. Vielleicht seien wir zu gewissenhaft, mit den Erbkrankheiten sei es so eine Sache und nicht unbedingt gesagt, dass ... Und er berichtet von einer Nichte, die mit einem SS-Mann verheiratet ist, mit einem SS-Mann! Man weiß doch, wie gründlich da untersucht wird!

Er kann mich nicht mehr umstimmen, und er versucht es auch nicht wirklich.

Ursula hat das alles Doktor Bergner erzählt.

Ja, sie ist immer noch seine Patientin, offiziell, aber sie ist auch – nicht sehr oft – seine Geliebte. Seine Geliebte! Da gibt es Einladungen zum Tee und zum Abendessen und manchmal bleibt sie über Nacht. Sie hat es geschafft – auf ihre Weise. Vielleicht mit ihren Blumen, damals, im Winter? Er hat bald wieder praktiziert und sie hat ihn gefragt: »Haben Sie meine Blumen in der Klinik bekommen?«

»Ach – die waren von Ihnen?«, hat er gesagt.

Und er hat den Arm um ihre Schulter gelegt, sie mit seinen schwermütigen erdfarbenen Augen angesehen und gesagt: »Das ist ja rührend von dir, mein Kind. Ich habe mich sehr gefreut. Da dank ich dir auch schön.«

Sie hat ihn angelächelt und gesagt:

»Sie wissen ja, dass ich Sie liebe.«

Das zu sagen hat sie sich wirklich getraut.

Er hat ihr übers Haar gestrichen und gesagt:

»Du Schäfchen.«

Aber geküsst hat er sie nicht.

Sie war enttäuscht, aber sie hatte ja gelernt zu warten. Und tatsächlich kamen die Küsse später. Die Küsse und mehr.

Doktor Bergner hat über unser Drama nur den Kopf geschüttelt, erzählt Ursula. Das Erbgesundheitsgefasel der Nazis sei großer Blödsinn und die Erbgesetze seien ein absolutes Verbrechen. Aber so, wie Ursula diesen

Wolfgang geschildert hätte, sollte ich im Nachhinein ganz froh sein, dass ich ihn losgeworden sei. Nicht aus Erbgesundheitsgründen allerdings!

Ich bin ziemlich fassungslos.

Aber Ursula sagt: »Doktor Bergner kennt sich da bestimmt besser aus als wir. Er ist schließlich Arzt.«

* * *

Am 10. August, dem Tag, an dem wir eigentlich heiraten wollten, verreist Wolfgang. Ich dürfe ihm das nicht übelnehmen, sagt er, aber er könne an diesem Tag nicht in Berlin sein.

Ursula meint, man müsse das verstehen. Ich behaupte, wir gehörten gerade an diesem Tag zusammen – wenn wir uns noch liebten.

»Tut ihr das denn noch?«, fragt Ursula.

Sonderbar. Ich glaube, ich habe Wolfgang nie mehr geliebt als in dem Augenblick, in dem ich den Entschluss fasste, ihn nicht zu heiraten. Aber jetzt ...

Wolfgang schreibt mir von seiner Reise einen konfus-wehmütigen Brief, in dem er berichtet, dass er auf der Fahrt einen berühmten SS-Arzt kennengelernt habe. Dem hätte er den traurigen Fall eines Freundes erzählt, dessen Mutter im Irrenhaus starb. Der SS-Arzt habe ihn vollauf beruhigt, schreibt Wolfgang.

Wozu teilt er mir das jetzt noch mit? Erbgesundheit und »Rassenhygiene« interessieren mich nicht mehr. Ich frage mich allerdings, für wen die Nazis Gesetze gemacht haben, an deren Richtigkeit sie offenbar selbst nicht glauben. Eigentlich ist seine Reise das Ende zwischen Wolfgang und mir. Nach seiner Rückkehr treffen wir uns nur noch ein einziges Mal. Sagen uns viele bittere Dinge. Ich verstehe nicht mehr, dass ich diesen Mann geliebt habe.

Im Herbst 1945 schreibt mir Wolfgang aus Kiel. Er hat dort einen Verlag gegründet und schickt mir seine Visitenkarte mit dem Aufdruck: »Werbefachmann seit 1929«. Das reizt mich. Ich antworte ihm sehr kurz und frage, für wen er denn damals geworben habe. Damit endet unser Briefwechsel. Von gemeinsamen Bekannten erfahre ich nur noch, dass er darum bemüht ist, gewisse Akten aufzustöbern, aus denen sein gespanntes Verhältnis zur NSDAP hervorginge.

* * *

Herbst 1944.

Ursula zitiert Goebbels' Wort: »Die Invasion wird kommen, aber sie wird scheitern. Es wird dem Feind bestenfalls gelingen, hier und da einen Brückenkopf zu bilden.« Der Feind bildet wirklich hier und da einen Brückenkopf. Bei Aachen zum Beispiel.

Im August sind die Deutschen aus Paris vertrieben worden und meine kleinen Skizzen will nun niemand mehr drucken, die ›Pariser Zeitung‹ gibt's nicht mehr.

»Versuch's einfach mal woanders«, empfiehlt Ursula.

Aber die reichsdeutschen Zeitungen sind an solchen harmlosen kleinen Geschichten nicht mehr interessiert.

Die Russen stehen vor Belgrad.

* * *

In diesem Herbst wird der SS-Bunker fertig, an dem seit dem Frühjahr gebaut worden ist. Ein langgestreckter Tiefbunker, der eigentlich für die Belegschaft des SS-Verwaltungsamtes bestimmt ist. Dann entschließt man sich gnädigerweise, auch der Zivilbevölkerung ein Plätzchen einzuräumen. Wenigstens für die Abende und Nächte. Es werden »Bunkerkarten« ausgegeben.

Gestopft voll ist es da unten. Der Ton, der hier jetzt herrscht, ist alles andere als herzlich. Der nette Oberscharführer Reuter ist nicht mehr da, Aufsicht führt statt seiner ein baumlanger, hagerer Kerl mit stechendem Blick, der uns behandelt wie Herdenvieh. Aber keiner sagt etwas, denn sonst muss man damit rechnen, dass einem die Bunkerkarte entzogen wird. Darum lächeln die Männer nur, wenn sie »alter Weihnachtsmann« genannt werden. Die Frauen sind aufsässiger und schimpfen schon mal zurück. Aber dann heißt es sofort: »Geben Sie Ihre Bunkerkarte her und machen Sie, dass Sie rauskommen!«

Nach so einer Bunkersitzung sagt Ursula zu mir: »Ich hab mal so überlegt ... so behandeln die *uns* nun, und wir sind doch die Volksgenossen, um deren Erhaltung sie angeblich den ganzen Krieg führen. Wenn sie sich aber gegen *uns* schon so benehmen, wie sind sie dann wohl zu denen, die sich aus irgendwelchen Gründen ihren Zorn zugezogen haben? Zum Beispiel ... die im KZ?«

* * *

Im Oktober 1944 verlasse ich Berlin und gehe als »Schriftleitungsassistentin« zur Kattowitzer Zeitung. Im Deutschen Verlag braucht man mich nicht mehr und ich habe mich, bald nach der Trennung von Wolfgang, über die Reichspressekammer um eine Stellung, egal wo, bemüht. Zur Auswahl standen schließlich Recklinghausen, Gelsenkirchen und das oberschlesische Kattowitz. Ich entschied mich für Kattowitz, obwohl Freunde und Bekannte und auch Ursula darüber nur den Kopf schüttelten.

»Reise du den Russen auch noch entgegen«, sagt sie, »verrückter geht's wohl nicht. Aber du musst ja wissen, was du tust.«

»Jedenfalls weiß ich, dass ich hier raus will, wenn ich nicht nach Kattowitz gehe, stecken sie mich in die Rüstungsindustrie, glaubst du, das ist besser?«

»Es ist alles Mist«, sagt Ursula.

* * *

In Kattowitz herrschen, Russengefahr hin oder her, noch nahezu friedensmäßige Zustände. Die Straßenlaternen brennen! Es gibt keinen Fliegeralarm, niemand stört unsere Nachtruhe. Verdunkeln wird nicht so ernst genommen. Ruinen gibt es auch keine. Wen stört es da, dass die Stadt ziemlich hässlich ist?

Ich wohne bei einer Mitarbeiterin des Verlags, einer freundlichen Frau mit drei kleinen Kindern. Meine Tätigkeit besteht im Abfassen von Meldungen aus dem Lokalbereich, die Kollegen sind nett, der Chefredakteur ist leider ein humorloser und nicht sehr freundlicher

Nazi. Aber ich habe mit ihm wenig zu tun. Ursula fehlt mir. Berlin fehlt mir nicht.

Anfang Dezember muss ich nach Breslau und mich dort einem Vertreter der Reichspressekammer vorstellen, hat mein Chefredakteur (Hauptschriftleiter!) verfügt. Dort wird man mir sagen, welche Schritte nötig sind, um »Schriftleiterin in Ausbildung« zu werden. Noch bin ich ja nur eine Assistentin oder Volontärin.

Der Besuch in Breslau ist, wie ich fast schon befürchtet hatte, nicht sehr angenehm. Der Mann, der mich befragt, ist mit meinen Antworten erkennbar unzufrieden. Ich bin nicht in der Partei? Wenn ich Schriftleiterin werden wolle, müsse ich das aber. Ich sei doch sicher im BDM gewesen? Nein, stottere ich herum, nur bei den Jungmädeln, nicht direkt beim BDM. Stirnrunzeln. Zum Glück fragt er nicht weiter nach. Ich hätte sonst sagen müssen, dass meine Schwester und ich uns vor allem gedrückt haben, was uns irgendwie unangenehm war. Wir schafften das! Wir blieben sogar vom Pflichtjahr und Arbeitsdienst verschont.

Gott sei Dank kommt das jetzt aber nicht zur Sprache. Stattdessen werde ich auf gewisse politische Grundkenntnisse geprüft, was auch kein Vergnügen für mich ist, denn die sind mau bei mir. Mein strenges Gegenüber hält mir ein Datum vor die Nase, gibt ein kurzes Stichwort: »Dies war eine Wende im Leben des Führers. Inwiefern?« Ich habe keine Ahnung.

»Der Führer beschloss, Politiker zu werden«, der Reichspressekammermann schüttelt den Kopf, »das müssten Sie aber wissen. Ihre Kenntnisse über den Führer sind nicht sehr groß.«

Ich sage mit rotem Kopf, da müsste ich sicher noch eine Menge lernen.

Er nickt bestätigend und empfiehlt mir, sogleich mit der Lektüre von ›Mein Kampf‹ zu beginnen. Außerdem müsste ich mich um Aufnahme in die Partei kümmern.

Er verabschiedet mich frostig.

Ich gehe in die nächste Buchhandlung und kaufe ›Mein Kampf‹.

* * *

Weihnachten habe ich Urlaub und fahre natürlich nach Berlin. Ursula hat wieder einen Tannenbaum organisiert, wir feiern, so gut wir können. Es hat sich nichts geändert. Ursula wird, wie sie sagt, ganz gut mit dem Alleinsein fertig, aber besonders glücklich sieht sie nicht aus. Doch wer ist schon glücklich in diesen Zeiten? Ich bin es ja auch nicht, obwohl mein Leben in Kattowitz weit weniger nervenaufreibend und gefährlich ist. Man sollte wohl sagen, *noch* ist es ungefährlich.

* * *

Im Januar 1945 schickt mich der Chefredakteur (Hauptschriftleiter) zum zweiten Mal nach Teschen, einer malerischen Kleinstadt am Fuß der Beskiden, Teil der Westkarpaten. Dort soll ich Lokalberichte schreiben.

Ich bin gerade ein paar Tage da, als Ursula mich im Büro anruft.

»Wann kommst du zurück? Eigentlich müsstest du schon unterwegs sein!« Sie klingt aufgeregt.

»Wieso das?« Ich verstehe nicht.

»Guck dir mal die Landkarte an! Weißt du, wo die Russen stehen? Sie müssen in Kürze in Kattowitz sein«, sagt Ursula.

Sie hat recht. Ich nehme den nächsten Zug nach Kattowitz. Er ist voll von Polen, die fröhliche Lieder singen und so aussehen, als hätten sie Grund zum Feiern.

Die Wohnung, in der ich mein möbliertes Zimmer habe, ist leer. Das heißt, ihre Bewohner sind, wie es aussieht, mehr oder weniger Hals über Kopf davon. In der Küche steht noch ein Topf mit Suppe auf dem Herd.

Ich bin ziemlich aufgeregt. Aber jetzt bloß keine Panik! Also rufe ich im Verlag an und frage, ob irgendeine Reisemöglichkeit bestehe.

Wütendes Gelächter. Darum müsste ich mich schon selbst kümmern, am Bahnhof stünden ja genug Züge. Aber ob ich bereit sei, die alte Mutter des Hauptschriftleiters in meine Obhut zu nehmen?

Nein, das bin ich ganz und gar nicht! Dann packe ich in ziemlich konfuser Hast meinen Koffer, der nicht zu schwer werden darf, ich muss ihn schließlich schleppen, es bleibt einiges zurück.

Die Straßen sind verschneit. Ich lade meinen Koffer, der trotz allem recht schwer ist, auf einen Kinderschlitten, den ich in der Wohnung entdecke, und eile zum Bahnhof.

Menschengewusel, hauptsächlich Frauen und Kinder. Dazwischen politische Leiter in ihren schmucken goldbraunen Uniformen, ihre Funktion ist rätselhaft, über den Zugverkehr können sie jedenfalls keine Auskunft geben, niemand weiß anscheinend Bescheid. Es steht aber ein Zug da und er ist noch nicht ganz voll, ich kriege ohne großes Gedrängel einen Platz. Nur weiß ich nicht, wohin dieser Zug fährt. Auch die Frauen, die schon drin sitzen, wissen es nicht, haben höchstens vage Vermutungen. Sie sind gar nicht besonders aufgeregt, diese Frauen, unterhalten sich ganz gemütlich.

»Ich hab noch die Abwäsche vollstehen«, sagt eine, »es musste ja alles so schnell gehen.«

»Na ja, das kennen wir ja schon«, sagt eine andere, »ist ja nicht das erste Mal, dass wir evakuiert werden.«

»Hoffentlich sind wir bald wieder zurück«, schaltet sich eine Dritte ein.

Ich höre ihnen zu und staune. Ich bin ganz schön nervös, vor allem, weil niemand mir sagen kann, ob dieser Zug nach Berlin fährt.

Bis er sich endlich in Bewegung setzt, vergehen fast drei Stunden. Die Richtung, die er nimmt, kann nach meiner Meinung nicht nach Berlin führen. Ich gerate schon wieder fast in Panik. Aber aussteigen kann ich nicht mehr.

Der Bahnhof, an dem wir endlich halten, trägt den Namen Troppau. Wir sind im Sudetenland.

Hier heißt es: Alles aussteigen! Das Bahnhofsgebäude ist überfüllt. Ein Schalter ist geöffnet, eine ältere Beamtin sitzt an der Fensterluke. Sie hat offensichtlich nicht viel zu tun – ich bin anscheinend die Einzige, die etwas von ihr will.

»Wann fährt ein Zug nach Berlin?«, frage ich.

»Da müsste bald einer kommen«, ist ihre nebelhafte Antwort.

»Dann möchte ich eine Fahrkarte.«

Da lächelt sie. Tatsächlich, sie lächelt.

»Die brauchen Sie nicht mehr«, sagt sie.

Ich bin plötzlich zum Umfallen müde, es ist längst Abend geworden, aber ich schaue nicht auf die Uhr. Ich setze mich auf eine Bank und schlafe sofort ein. Und werde wach von großem allgemeinen Geschrei und Gerenne. Ein Zug ist eingelaufen, aber niemand hat ihn angekündigt! Ich greife meinen Koffer und renne zum Bahnsteig. Dort erwische ich tatsächlich einen Uniformierten.

»Wohin fährt der Zug?«

»Nach Berlin. Der letzte«, sagt der Mann, »machen Sie, dass Sie einsteigen!«

Der Zug ist schon beinahe voll. Aber wieder finde ich einen Sitzplatz. Die Menschen in meinem Abteil sind weniger gelassen als die Frauen von Kattowitz. Sie schimpfen und beschweren sich, sie machen kein Hehl daraus, dass sie das, was da jetzt mit ihnen geschieht, empörend finden.

Wenn der Zug nur endlich abfahren würde! Aber es steigen immer noch Menschen ein, Frauen mit kleinen Kindern und viel Gepäck.

Es ist Nacht, als wir endlich Troppau verlassen.

»Hoffentlich kommen keine Flieger«, sagt jemand.

»Hören Sie bloß auf«, sagt jemand, »Beschuss könnte uns jetzt gerade noch fehlen.«

* * *

Irgendwann am nächsten Tag kommen wir in Berlin an. Wir kommen wirklich an, wir sind heil geblieben, kein Flieger hat uns angegriffen.

Ich habe Ursula nicht einmal mehr anrufen können. Als sie nachmittags aus dem Büro kommt, führt sie einen Freudentanz auf.

»Mensch, ich hab dich schon beinahe aufgegeben! Gestern hieß es, dass russische Panzerspitzen vor Kattowitz stehen! Wie hast du das bloß geschafft?«

»Es war eigentlich ganz einfach«, sage ich. Aber bevor ich weitererzählen kann, gibt es Alarm.

* * *

Sauermilchs sind schon im Oktober nach Süddeutschland abgereist, sie wollten dem Hausintendanten der Villa Goebbels nicht mehr länger zur Last fallen. Aber sie haben die Buchhalterin und Ursula nicht entlassen und auch die Köchin Emma ist noch da. Das ist anständig von ihnen, denn sie wissen natürlich genau, dass man alle sofort in die Kriegsindustrie stecken würde. Ursula arbeitet nur noch halbtags im Sauermilchschen Büro, zu tun hat sie praktisch nichts mehr, was auch? Aber dort ist es wenigstens warm, für die kleinen Öfen gibt es noch etwas Kohlen und Holz, und Emma, die ein Zimmer bewohnt, sorgt für heißen Tee. Das Sauermilch-Büro ist wie eine winzige, friedliche Enklave.

Sonst aber ...

Berlin ist eine kalte, hoffnungslose Ruinenstadt. Eine Stadt, in der die Sirenen heulen, morgens, mittags, abends. Eine Stadt, in der die Lebensmittelrationen erneut gekürzt worden sind. Eine Stadt ohne Feuerung. Eine Stadt, in der es nach dem Russeneinfall in Oberschlesien nur noch stundenweise Licht gibt.

Anfang Februar dringen feindliche Panzerspitzen bis Küstrin vor, einen Katzensprung von Berlin entfernt. In vielen Stadtteilen werden Panzersperren und Barrikaden errichtet. Der stellvertretende Gauleiter von Berlin gibt jeden Abend über den Drahtfunk Durchhalteparolen an die Bevölkerung ab.

Die Russen sitzen jetzt in Ost- und Westpreußen, dem Warthegau, Ober- und Niederschlesien und Teilen Südpommerns und der Mark. Für Nordwestdeutschland wird eine Invasion der Anglo-Amerikaner erwartet.

Das Telefon ist meistens gesperrt. Wir sind praktisch von unserer Umwelt abgeschnitten.

Die Luftangriffe steigern sich. Mir kommt es vor, als sei dieser Winter endlos und viel kälter und schrecklicher als der vorige. Berlin ist mir jetzt fast fremder als Kattowitz. Wir sitzen in der Falle, sagt Ursula.

Für sie gibt es aber noch ein paar Lichtblicke: Ihr sonderbares Verhältnis mit und zu Doktor Bergner besteht noch immer. Er rät uns dringend, die Stadt zu verlassen und in den Westen zu gehen, egal wohin, berichtet Ursula.

»Und er? Geht er auch weg?«

»Nein. Er hat keine Angst vor den Russen, sagt er. Aber Frau Schott ist auch schon weg.«

Er würde jungen Frauen nicht empfehlen, in Berlin zu bleiben, sagt Ursula.

»Die Truppen, die jetzt kommen, mussten alle durch russische Gebiete, in denen die Deutschen gewütet haben, sagt er. Wenn die als Sieger in Berlin einmarschieren, reagieren sie sich erst mal ab an uns. Die Nazis sind ja längst auf und davon.«

* * *

Die Zeitungen schreiben immer noch vom Glauben an den Endsieg und vom längeren Atem, aber nur noch wenig über Geheimwaffen. Was war das mit der Schraube, die immer fester zugedreht werden sollte?

Eine Zeitung bringt die Schlagzeile: »Deutschlands stärkste Wunderwaffe – seines Volkes Aufgebot und Tapferkeit«. Der Chefsprecher des Großdeutschen Rundfunks liest pünktlich jeden Freitag den Leitartikel von Goebbels aus dem ›Reich‹.

Ursula sagt: »Ich bin nur neugierig, wie lange das so weitergeht.«

»Ist dir klar, dass wir das schon oft gesagt haben?«, sage ich.

Viele Berliner sagen: »Na, bis hierher werden sie die Russen doch nicht kommen lassen!«

Es wird erzählt, dass Friedensverhandlungen über Schweden und die Schweiz im Gange seien. Aber Ursula und ich sind überzeugt: »Die kapitulieren nie! Eher lassen sie uns alle krepieren!«

Frau Riebel, die Blockwartin, hat gemeint: »So wahnsinnig können die ja nicht sein!«

Warum sollen sie nicht? Wie war das denn mit den Luftangriffen, bitte? Haben sie da an uns gedacht?

Ursula sagt: »Die müssen doch aber wissen, dass wir den Krieg verloren haben!«

Wir sehen uns an, als das Wort zum ersten Mal fällt: »... dass wir den Krieg verloren haben«.

* * *

Die Berliner sind in zwei Lager aufgespalten. Die einen sagen: Macht doch endlich Schluss! Seht ihr nicht, wie sinnlos es ist, weiterzukämpfen? Der Feind wird uns schon nicht alle ausrotten.

Die anderen sagen: Wir müssen den Krieg um jeden Preis gewinnen. Sonst kostet es uns das Leben. Wehe, wenn die Bolschewisten die Macht über uns bekommen!

Ursula und ich sind eigentlich auf der Seite derer, die ein schnelles Ende wünschen. Andererseits haben auch wir vor den Bolschewisten Angst. Wenn es nur die Westmächte wären, denen wir uns unterwerfen müssten ... Aber da ist dieses Ungeheuer Stalin mit seinen entmenschten Horden. Lohnt es sich noch, zu leben, wenn das über uns hereinbricht? Wir schaudern davor, diese Frage zu beantworten.

Horst ist schon lange nach dem Osten abkommandiert worden. Ganz plötzlich kam das. Ich war zu der Zeit in Kattowitz.

»Nur Mut, Mädchen! Es wird schon schiefgehen«, hat er zu Ursula gesagt.

Und Ursula hat geantwortet: »Ja ja, wenn erst die Stunde der Vergeltung kommt und wenn die Wunderwaffen eingesetzt werden, die Wuwas!«

»Die werden kommen«, hatte Horst versprochen.

Und Ursula: »Wann denn? Wenn die Amerikaner vor München, die Engländer vor Hamburg und die Russen vor Berlin stehen?«

Und darauf, so sagt Ursula, habe er nichts mehr gesagt.

* * *

Gerüchte schwirren umher von gewaltigen Truppenansammlungen im Protektorat, unsere Gegenoffensive stünde dicht bevor. Wir glauben nicht mehr daran. Wir kennen niemanden, der noch daran glaubt.

Manchmal packt mich eine schreckliche Wut auf alles, auf das Leben, das wir führen müssen, dieses Leben, das so leer und hoffnungslos ist. Die Ruinen sind schauriger denn je und es werden immer mehr. Die Kälte in diesem beginnenden Frühjahr ist immer noch schneidend.

Kaum zu fassen, dass man immer noch hin und wieder lachen kann. Und manchmal, in den besseren Stunden (wenn sie bei Doktor Bergner war) trällert Ursula vor sich hin. Aber wenn es Abend wird, hocken wir in Mäntel und Decken gehüllt beieinander und warten nur noch auf den Alarm, und dann haben wir Angst, nicht nur vor den Bomben, sondern vor allem, was noch kommen wird. Wir sitzen im Dunkeln, denn der Strom ist meistens gesperrt, die Sirenen hört man nur von weither. Und mit Kerzen geht man besser sparsam um.

Als man den Geschützlärm in Berlin hört, machen sich die ersten Vorsichtigen daran, Hitlerbilder abzuhängen und Hakenkreuzfahnen beiseitezubringen. Viele Leute haben es nun sehr eilig, aus Berlin herauszukommen.

Wer kann, legt Vorratsläger an. Trotz strenger Strafen gibt es natürlich Schwarzhandel, man muss nur Beziehungen haben. Ursula und ich haben keine und wohl auch nicht genügend Geld, Schwarzmarktpreise zu bezahlen. Wir leben jetzt hauptsächlich von Ursulas Gehalt und unserem Ersparten, die Kattowitzer Zeitung hat ihre Zahlungen eingestellt, Honorare bekomme ich nicht mehr.

Auch Frau Riebel, die Blockwartin, schafft Vorräte in den Keller. Sie ist nicht mehr so überzeugt davon, dass »die doch nicht so wahnsinnig sein werden«, den verlorenen Krieg weiterzuführen.

Familie Schucht und Kluge gehören auch zu denen, die es eilig haben, Berlin zu verlassen. Natürlich mit vollgepackten Autos – woher sie die wohl plötzlich haben? Sie nehmen sogar Möbel mit. Nur eine Anzahl von Schusswaffen lassen sie in ihren Wohnungen zurück, Schusswaffen und Munition, die uns später, als die Russen einmarschieren, fast zum Verhängnis werden.

* * *

Eben ist entwarnt worden. Es ist gegen halb zehn abends. Im Treppenhaus brennt noch Licht, aber kaum sind wir in der Wohnung, wird der Strom auch schon wieder abgeschaltet. Mit Frau Riebels Hilfe haben wir uns einen Spirituskocher zugelegt, auf dem kochen wir uns jetzt einen Tee. Und wir zünden zwei Kerzen an, das ist fast schon Luxus.

Irgendwann in der Nacht wird der nächste Alarm kommen, damit müssen wir rechnen. Wir hatten an dreißig Tagen über dreißig Mal Fliegerangriffe. Fortwährend surren Flugzeuge über das Haus. Jetzt weiß man nicht mehr, ob es deutsche, russische oder englische sind. Der Geschützlärm kommt immer näher. Es grummelt pausenlos. Die Front ist bald vor unserer Haustür.

»Mein Gott«, sagt Ursula, »was haben die aus uns gemacht.«

Und dann: »Was meinst du, wie es weitergeht? Vielleicht müssen wir noch mit vergifteten Bratpfannen auf den bösen Feind los. Huschhusch, der Werwolf! Wir sind vogelfrei.«

»Nichts ist so schlimm wie die Angst davor«, sage ich, »lass uns jetzt bloß nicht die Nerven verlieren. Und eigentlich müssten wir in Treue fest zum Führer stehen, findest du nicht? So heißt es doch immer so schön. Wir haben schließlich bei den Siegen gejubelt, auch du und ich, und die anderen auch. Sie lügen, wenn sie das abstreiten!«

»Du meinst, Hosianna und Kreuziget ihn«, sagt Ursula, »stimmt. Aber wir haben auch nie zu den fanatischen Heilschreiern gehört. Und manches fanden wir einfach zum Kotzen …«

»Richtig. Aber trotzdem sind wir brav mitgelaufen.«

»Was hätten wir sonst machen sollen, bitte?«

»Ich weiß nicht.«

»Wir waren doch keine überzeugten Nazissen«, sagt

Ursula, »aber warst du eine überzeugte Gegnerin? Es war eben unsere Regierung, basta. Man hat über sie geschimpft, aber man hat sie auch gelobt, wenn alles gut ging für uns. Ich glaube, darin liegt der Bruch. Da stimmt was nicht mit uns.«

»Wir hängen im luftleeren Raum«, sage ich, »es wäre uns wohler, wenn wir fanatisch ja oder nein sagen könnten.«

»Aber kannst du das? Du hast doch auch immer gewünscht, dass wir den Krieg gewinnen. Und was ist jetzt?«

»Wir wissen nicht, was jetzt kommt«, sage ich, »aber Hitler & Co. weine ich jedenfalls keine Träne nach.«

»Ich auch nicht«, meint Ursula, »aber so denken nun wahrscheinlich alle, die fröhlich mitgelaufen sind, als der Karren noch nicht im Dreck steckte. Jetzt ist das einfach. Warum sind wir nicht früher daraufgekommen, dass wir den Krieg überhaupt nicht gewinnen *dürfen?*«

»Dafür gibt's viele Ausreden«, sage ich, »aber sicher ist, dass wir uns keine großen Gedanken gemacht haben. Uns hat ja keiner was getan, oder? Und vor dem, was uns nicht gefiel, haben wir uns nach Möglichkeit gedrückt.«

Ursula kichert.

»Vor dem BDM und Pflichtjahr und Arbeitsdienst – das war schon ganz beachtlich ...«

Dann kichert sie nicht mehr, sie sagt:

»Aber wir haben es nicht aus Protest getan, nicht aus weltanschaulichen Gründen, meine ich. Bloß, weil wir es blöd fanden und keine Lust dazu hatten.«

Mir fällt ein, was der Reichspressekammermann in Breslau gesagt hat. ›Mein Kampf‹ muss ich jetzt nicht mehr lesen. Und in Breslau wie in Kattowitz sind längst die Russen.

»Wir haben es immer genommen, wie es kam«, sage ich. »Was bleibt uns nun anderes übrig? Wir können nichts mehr ändern an unserem Schicksal.«

»Schönes Schicksal!«, sagt Ursula. Und fügt hinzu: »Vielleicht haben wir es nicht besser verdient.«

Eine Weile Schweigen. Dann sagt sie: »Ich muss mir noch ein Brot holen. Hast du nicht auch Hunger?«

Aber ich habe keinen Hunger.

Mir ist so kalt.